自治区高校科研计划项目面上项目“新疆中小微企业CEO自我管理对企业竞争优势的影响机制”

吴湘繁◎著

职场员工关系网络建构行为的前因及其影响研究

ZHICHANG YUANGONG GUANXI WANGLUO JIANGOU XINGWEI DE QIANYIN JIQI YINGXIANG YANJIU

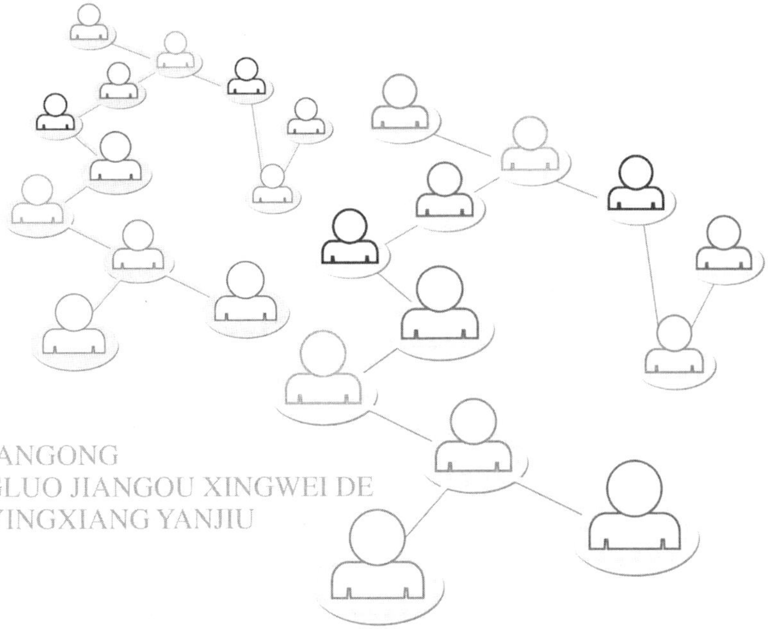

经济管理出版社
ECONOMY & MANAGEMENT PUBLISHING HOUSE

图书在版编目（CIP）数据

职场员工关系网络建构行为的前因及其影响研究/吴湘繁著．—北京：经济管理出版社，2017.9

ISBN 978-7-5096-5365-4

Ⅰ.①职…　Ⅱ.①吴…　Ⅲ.①企业—职工—社会关系—研究　Ⅳ.①F272.92

中国版本图书馆 CIP 数据核字(2017)第 231125 号

组稿编辑：申桂萍
责任编辑：高　娅
责任印制：黄章平
责任校对：雨　千

出版发行：经济管理出版社
（北京市海淀区北蜂窝 8 号中雅大厦 A 座 11 层　100038）
网　　址：www. E-mp. com. cn
电　　话：(010) 51915602
印　　刷：北京晨旭印刷厂
经　　销：新华书店
开　　本：720mm×1000mm/16
印　　张：9
字　　数：172 千字
版　　次：2017 年 12 月第 1 版　　2017 年 12 月第 1 次印刷
书　　号：ISBN 978-7-5096-5365-4
定　　价：48.00 元

前　言

随着我国市场化机制的确立和完善，20 世纪 80 年代前“以厂为家”终身雇佣制的职业道路已经被多元化、动态化、自我主导的职业生涯管理方式所替代。职场中的员工为了获得更多的职业发展机会，不再被动地等待组织的安排，而会表现出更多的主观能动性，其中主动性的行为之一就是会主动拓展自己的人脉资源，以有助于自身的职业发展。基于职场的研究发现，员工有明确职业目的导向的职场员工关系网络建构行为有助于个体获得更多的信息、职业指导和帮助，从而显著地促进了员工的职业发展，如晋升、薪水增长、获取职业指导及预测上级评定绩效等。然而，现有研究仍有待于进一步完善与深入，比如，职场员工关系网络建构行为是怎样产生的，以及对于组织的决策具有什么样的影响。在梳理已有文献的基础上，此研究主要关注的问题有：①出于什么动机，员工会主动实施关系网络建构行为？不同的组织氛围会对此有影响吗？②从已有的研究文献来看，多从正面研究其对员工职业发展的益处。但对组织而言，职场员工关系网络建构行为是否会产生负面影响？比如，通过关系网络建构行为积累的择业信息和就业机会，是否会促使员工产生离职倾向？组织应如何应对？③作为员工主动的、非正式的行为，除了有助于员工的个体职业发展之外，职场员工关系网络建构行为是否还会有更丰富的影响范围（如提升员工的创造力）？同时，对组织而言，如何可以更好地发挥职场关系网络建构行为对员工创造力的影响作用？

已有研究表明，职场关系网络建构行为的组织内、外实施对象存在差异性，并且对员工和组织产生了不同的影响后果。因此，参照已有研究，本书首先把职场员工关系网络建构行为划分为组织内和组织外两个子维度；之后在文献梳理的基础上，主要结合了社会资本理论、成就需求动机理论、组织政治理论、特质激发理论和组织认同理论等相关理论，建构了职场员工关系网络建构行为前因及其影响作用的关系模型。具体来说，本书的实证研究部分主要可以分为三个相互关联的子研究，其中子研究一是职场员工组织内、外关系网络建构行为的前因研究，子研究二是职场员工组织外的关系网络建构行为对员工离职倾向的影响机制研究，子研究三是职场员工组织内的关系网络建构行为对员工创造力的影响机制研究。此研究主要采用调查问卷的方式进行数据的收集，在研究设计上采用多样本、多数据来源及多类型的数据，并使用 AMOS17.0、SPSS18.0 和 HLM6.02 等统计软件进行数据分析。

本书的研究创新之处主要包括三个方面：

第一，丰富了个体需求动机与职场关系网络建构行为之间关系方面的研究，并结合特质激发理论，实证检验了组织政治氛围在其中所起到的调节作用。虽然已有研究从理论上阐述了职场员工关系网络建构行为会受到个体特征差异和组织环境差异的影响，但少有研究对此进行实证检验。本书构建了个体需求动机、组织政治氛围和员工关系网络建构行为的理论模型并进行了实证检验。相关研究结果，有助于我们了解“出于什么样的动机、在什么样的情境下，员工会更主动实施职场关系网络建构行为”。

第二，完善了职场关系网络建构行为与员工离职行为之间的关系研究。现有文献对于关系网络建构行为的后果研究，多集中于研究其正面影响作用，却少有关注其对组织可能产生的“坏处”。虽然有文献表明，对员工来说，组织外的关系网络建构行为会影响员工转换雇主，但并没有实证检验相关的机制。本书在子研究二中讨论了组织外的关系网络建构行为对于员工离职倾向的影响，并进一步检验了员工的流动性感知和组织认同在其中所起到的中介作用和调节作用。相关研究结果有助于从社会资本的视角来理解员工的离职，同时对于企业如何留住核心员工也将产生有益的启示。

第三，延展了职场员工关系网络建构行为影响范围的研究。与传统研究多集中于关注“个人职业获益”不同，本书发现组织内的关系网络建构行为正面影响了员工的创造力。此研究结果证明，除了有助于个体的职业发展之外，作为非组织要求的、个体主动性的行为，组织内的关系网络建构行为实际上也会产生更为丰富的影响作用。同时，本书采用企业员工—领导配对的多时点、多源样本，检验了资源获取和员工的创新内在动机在其中起到完全中介作用和有调节的中介作用。此研究结果，也有助于从社会资本的视角来理解员工创造力产生的条件和过程，并为组织提升员工创造力提供了有针对性的实证依据。

在对上述研究进行总结归纳的基础上，最后对本书的理论与实践意义进行了讨论，指出了研究的不足之处并对进一步的研究进行了展望。

目　录

第一章 绪 论

本书试图探讨职场员工关系网络建构行为的前因机制及其影响结果。本章绪论部分先从研究背景入手进行分析，提出试图研究的问题，在进一步分析研究目的和意义的基础上，确定了研究方法和思路，并初步介绍了研究的内容和可能的创新之处。本章共分为四节，其中第一节是研究背景和研究问题的提出；第二节是研究目的和意义；第三节是研究方法和研究思路；第四节是研究内容和创新之处。

第一节 研究背景和研究问题的提出

一、研究背景

本书的研究主要来源于对现实生活的观察与思考，同时结合相关理论的研究，分为现实背景和理论背景两个部分进行论述。现实背景包括中国社会的“关系”现象以及职场员工关系网络建构行为对员工职业发展的实际影响；理论背景主要对学术界目前的相关研究理论及研究成果进行总结性背景陈述。

（一）现实背景

1. “关系”——中国社会的重要文化现象

本书中的核心概念“关系网络的建构行为”（Networking Behavior）来源于西方的组织情境，但如果本书使用这个概念在中国的社会环境中进行调查研究，就不能忽略其适用性。当谈到中国人的“关系网络的建构行为”，往往会联想到中国社会中重要的文化现象——“关系”。正如黄光国等所言，在讲究人情往来的中国社会，必然是一个“关系取向”的社会。传统中国人非常讲究社会关系中的“差序格局”，他们常常用不同的标准来对待与自己关系不同的人（黄光国、胡先缙，2010；费孝通，2012）。

根据《新华字典》中的解释，“关”的繁体字写作“關”，其本意是指关门，像门里有门闩。根据《说文解字》中的解释：“关，以木横持门户也。”如“春色满园关不住”。这之后的含义无不引申于此，如把在险要地带或国界地区设立的边关守卫，称为“关口、关隘、关卡、关塞”。“系”的繁体字有两个，分别是“係”和“繫”。用作联系和系统时读作“xi”，写作“係”，用作捆绑时读作“ji”，写作“繫”。《说文解字》中的解释：“繫，约束也”；“係”，世系，后由世系的意思引出系统、体系。而在甲骨文中，系的上面是“爪”，下面是“丝”。类似于丝悬于掌中而下垂，其本义是悬和挂。

从字面上简单来看，“关”可以理解为“把门闩上”，“系”可以理解为“联系和系统”。而“关系”这个词根植于中国文化中的解释，是相互融通与关照，是人与人之间相互交织在一起，形成脉络相连的社会体系。费孝通在其《乡土中国》中，从中国历史的角度很好地诠释了“关系”存在的基础（费孝通，2012）。和美国等西方社会不同，自黄帝以来，中国有近5000年的发展史，而在这5000年中基本是以农业为基础的社会发展史。和工业社会相比，向泥土讨生活的人不能总是移动。因此，“生于斯，死于斯”的结果必定是世代的黏着。用通俗的话说，由于土地不能移动，大多数农民很难产生迁移，基本上会出现世世代代生老病死在一地的情况，他们之间想不产生各种各样的联系都不容易。由于彼此知根知底而且有感情基础，当彼此需要帮忙办事时，最容易想到的往往不是什么政府或组织的“正式渠道”，而是自己的街坊邻里和亲朋好友。

当然，随着中国工业化和城市化的发展，目前中国的市场化程度不断提高，信息技术也日益发展，在很多方面可以部分替代人际关系产生的作用，比如从互联网获得部分公开信息。但不容忽视的是，中国人的思维方式很难在短期内产生根本性的转变。目前来说，中国还是非常重视人际往来的社会，并且私下里的“非正式人际网络”依旧在中国社会中起着重要的作用（杨国枢，2004）。比如，借助于私人关系网络，往往可以获得在公开渠道中难以得到的一些还没有公开或者不会公开的信息，或者有针对性的建议，这些信息和建议往往会帮助我们得到竞争的相对优势。

需要特别说明的是，由于本书研究的需要，在这里首先探讨了我国的“关系”社会，但这里所说的“关系”和华人学者用于研究组织与领导进行私人互动的学术构念领导—员工关系“Supervisor-subordinate Guanxi”（Chen Friedman & Yu et al., 2009）或者将替代为“送礼”等贿赂的行为（Xin & Pearce，1996）是不同的。相对而言，本书中的“关系”是一个更加广义的社会文化概念①。本书对于“关系”的探讨，是希望可以解释在中国的社会和组织情境中，“职场员工关系网络建构行为”存在其适用性的社会文化背景。

2. 职场员工关系网络建构行为——有助于员工职业发展

随着经济社会的高速发展，职场中的员工职业理念和就业形式发生了巨大的变化，员工很难依赖于某个组织完成自己的职业生涯；同时组织也不必再承诺对员工的终身负责，市场经济下的员工无边界职业管理，开始受到关注（Sullivan & Baruch，2009）。为了更好地应对越来越多的职业不确定性，员工需要不断结识人脉，获得更多的信息与资源，以适应职业发展的需要（Beaudin，2011）。职业咨询的专家，通过各种方式强调社会关系网络在职业发展中的重要性。正如畅销书《人脉》（*The Power of Who*）的作者鲍勃·比汀（Bob Beaudine）② 所说："所有成功的人，都视人脉为最宝贵的财富，并且高效地运用了人脉。"这里所说的“人脉”，用学术化的语言来表达，可以理解为个人的“社会关系网络”。

身在职场，没有人会否认社会关系网络的重要性，各种组织、各种职能岗位上的员工都需要与他人交流与互动，需要同组织内、外的其他人产生联系，通过相互的合作、沟通来完成工作任务，同时实现自我价值。然而，每个人的社会关系网络都不是一蹴而就的，其本身需要长期不断地投入时间、物力和精力去进行联系、维护和发展（Yang，1994）。或者说，每个人的社会关系网络都处于一个动态的、持续变化的过程中，通过职场中日积月累的、自愿的相关行为，个体才可以更好地建立、维护和使用自己的关系网络资源，从而有助于自己在职场的发展。

实际上我们也可以看到，无论是个人还是组织，都开始前所未有地意识到社会关系网络的重要性。比如，众多的国内外科普图书，如人际关系学代表人物戴尔·卡耐基（Dale Carnegie，1888～1955 年）的《卡耐基沟通与人际关系》（*How To Win Friends And Influence People*）等作品成为经久不衰的畅销书，而这些书的内容主要在于鼓励大家充分重视和利用与他人的沟通，从而获得成功；大学课堂开始给学生开设“人际关系管理”等相关课程，以帮忙学生更好地择业、就业及适应职场中的环境；同时，大量企业也纷纷引入“人际关系管理”等相关培训项目，以帮助员工更好地胜任工作并获得更好的职业发展。

（二）理论背景

社会关系网络对职场员工产生的影响作用也逐渐引起了学术研究者的兴趣，

---

① 在本书之后的叙述中，除了特别说明，对于“关系”一词的内涵也界定为一种社会文化现象。

② 鲍勃·比汀，曾任原美国总统小布什智囊团的首席顾问，原美国体育和娱乐行业高管猎头公司——伊士曼博丁公司（Eastman & Beaudine）的总裁。

其中很重要的分支之一就是对职场员工关系网络建构行为（Workplace Networking Behavior）的相关研究。自 Luthans 等（1985）在研究中发现那些优秀的经理人会投入更多的时间和精力用于建立人际关系网络以来，陆续有学者的实证研究表明，以职业发展为导向的职场员工关系网络建构行为深刻地影响着员工职场中的工作表现（Wolff，Moser & Grau，2008；吴静珊、王才康，2010），如影响晋升（Forret & Dougherty，2004）、涨薪（Wolff & Klaus，2009）、转换工作（Wolff & Moser，2010）、员工绩效（Thompson，2005）和企业绩效（Watson，2007）等。这说明，职场员工关系网络建构行为是一个有良好预测作用的员工行为变量，相关研究的深入，将有助于我们更好地了解职场员工关系网络建构行为的前置因素、影响后果及作用边界。

本书的研究领域虽然是企业管理，但根据研究问题的需要，在理论使用方面结合了社会学的社会资本理论（Social Capital Theory）、心理学的成就需求动机理论（Achievement Motivation Theory）及管理学中的组织政治理论（Organizational Politics Theory）、组织认同理论（Organizational Identity Theory）等来解释职场员工关系网络建构行为的前因及影响作用机制，试图从不同的视角来揭示职场员工组织内、外关系网络建构行为的前因和影响过程。

二、问题的提出

职场员工关系网络建构行为（Workplace Networking Behaviors）是指个人与对自己工作或职业有（潜在）帮助的人试图发展和维持关系的行为，其目的是获得更多的职业利益（Forret & Dougherty，2001；Wolff & Moser，2006）。Luthans 等通过实地观察企业管理者的日常工作发现，那些优秀的经理人注重建立社交关系，他们通常会投入更多的时间和精力联系客户、供应商，并积极参加聚会及团体活动（Luthans，Rosenkrantz & Hennessey，1985）。该研究获得了开创性的成果，随后不断有西方学者关注此现象，陆续发表的相关研究获得了许多非常有借鉴意义的成果（Wolff & Klaus，2009），但仍有一些重要的议题亟待解决。比如，职场员工关系网络建构行为是怎样产生的？以及对于组织的决策会有什么样的影响？具体来说，本书主要关注以下问题：

第一，究竟出于什么样的动机，员工更愿意去实施职场员工关系网络建构行为？不同的组织氛围会起到什么样的影响作用？现有的少量前因研究集中于个体的特征（如外向性、大五人格）、统计学特征（如年龄、性别、教育）和组织结构变量（如工作性质、员工岗位），但少有研究从个体需求动机和组织氛围的角度进行理论和实证检验，也即追寻具有什么样需求的员工会在职场中更倾向于实施职场员工关系网络建构行为？而怎样的组织情境会影响员工的职场员工关系网络建构行为？更进一步，个体的需求动机对于职场员工关系网络建构行为的影响是不是会受到组织因素的调节作用？

第二，已有研究多集中于职场员工关系网络建构行为的正向影响，但职场员工关系网络建构行为本身是有着明确工具性个人职业利益取向的行为，其“自我服务”的一面也是不可忽视的。已有研究表明，组织外的职场员工关系网络建构行为会预测员工更换雇主（Wolff & Moser，2010），但并没有研究其过程机制。而更进一步，如果组织要留住那些核心员工，是否可以干预？

第三，目前对于职场员工关系网络建构行为的后果研究，多集中于关注对个体职业成功、就业等的影响。但作为主动性的人际互动行为，个体的职场员工关系网络建构行为是否还会有更丰富的影响范围？已有研究表明，员工创造力离不开人际互动的影响（Perry-Smith & Shalley，2003）。那么，作为典型的人际互动行为，员工关系网络建构行为是否可以显著促进员工创造力的提升？其中又存在着怎样的影响机制？

第四，由于目前还缺乏中国情境的理论与实证研究，此构念是否同样可以适用于预测对于中国组织员工的影响？仍需要进一步的检验。

综上所述，作为一个新兴的研究领域，职场员工关系网络建构行为的探索还具有广阔的研究空间。本书在梳理已有文献的基础上，带着对以上问题的好奇，开展了一系列相关的实证研究。

第二节 研究目的和研究意义

一、研究目的

本书是关于职场员工关系网络建构行为前因及其影响作用的整合实证研究。结合已有的研究文献，在提出以上研究问题的基础上，先从职场员工关系网络建构行为的前因机制研究、职场员工组织外的关系网络建构行为对员工离职倾向的影响机制研究、职场员工组织内的关系网络建构行为对员工创造力的影响机制研究三个子研究进行目的陈述，然后进行研究目的的总结。

（一）职场员工关系网络建构行为的前因机制研究

子研究一实际上关注了“谁在什么情境下更愿意主动实证关系网络建构行为”。基于成就需求动机理论、组织政治理论和特质激发理论，子研究一探讨了个体成就需求动机、组织政治感知对职场员工关系网络建构行为的影响，并进一步对个体成就需求动机和组织政治感知的交互作用对职场员工组织内、外关系网络建构行为的影响进行了检验。

（二）职场员工组织外的关系网络建构行为对员工离职倾向的影响机制研究

结合企业实践，子研究二试图研究“那些有更多外部社会交往的员工，是否更容易离职”。基于社会资本理论和组织认同理论，子研究二首先分析了主效应组织外的职场员工关系网络建构行为对员工离职倾向的影响，并进一步探讨了工作流动性感知的中介作用和组织认同的调节作用。

（三）职场员工组织内的关系网络建构行为对员工创造力的影响机制研究

子研究三试图探讨组织内的职场员工关系网络建构行为对员工创造力的影响机制。此研究基于社会资本理论和创新理论，首先分析了主效应组织内的职场员工关系网络建构行为对员工创造力的影响，并进一步探讨了资源获取的中介作用和创新内在动机的调节作用。

综上所述，本书的研究目的是在梳理文献的基础上，结合社会资本理论、成就需求动机理论、组织政治理论、特质激发理论和组织认同理论等相关理论，采用实证的方法系统考察职场员工组织内、外的关系网络建构行为的前因机制及其作用功效。

二、研究意义

本书的研究意义分别从研究理论意义和研究实践意义两个方面进行陈述：

（一）理论意义

已有职场员工关系网络建构行为的前因及其影响作用研究，大多基于员工自我职业管理的角度，多关注变量间的因果关系，缺乏对于相关中介过程和调节机制的探索（Forret & Dougherty，2004；Wolff et al.，2008；Wolff & Moser，2010；吴静珊、王才康，2010）。本书的研究领域虽然是企业管理，但根据研究的问题，在理论使用方面结合了社会学的社会资本理论、心理学的成就需求动机理论及管理学中的组织政治理论、组织认同理论等来解释职场员工关系网络建构行为的前因及影响作用机制，这对于揭示职场员工关系网络建构行为的前因和影响过程是新的探索，对于相关理论的跨学科应用会产生一定的价值。

目前对于职场员工关系网络建构行为的前因研究多集中于个体特征差异，少有研究同时考虑了个体特征与组织环境共同的影响。本书结合个体成就需求动机理论、组织政治理论及个体特质激发理论，试图从理论上预测并通过实证检验个体成就需求动机（包括成就需求动机、权力需求动机、亲和需求动机）、组织政治氛围感知对于职场员工组织内、外关系网络建构行为的影响，并进一步检验了个体成就需求动机和组织政治氛围感知的交互作用对职场员工组织内、外关系网络络建构行为的影响。此研究结果扩展了我们对于组织内、外的职场员工关系网络建构行为发生的前置因素的了解，同时也为相关理论的实证研究增加了更多实证的依据。

从已有的研究文献来看，多从正面研究职场员工关系网络建构对员工职业发展的益处。但对组织而言，职场员工关系网络建构行为是否会产生负面影响？比如，通过关系网络建构行为积累的择业信息和就业机会，是否会促使员工产生离职倾向？组织应如何应对？以社会资本理论为基础，本书试图从组织的视角来分析职场员工关系网络建构行为对组织而言可能产生的“坏处”。更进一步，本书发现，对此“负面影响”是可以通过员工的组织认同进行干预的。此研究成果说明职场员工关系网络建构行为有多面性的影响作用，在有助于员工职业发展的同时，其负面的影响也不容忽视。

目前关于职场员工关系网络建构行为的后果研究多集中于职业成功和就业方面（Wolff et al.，2008；吴静珊、王才康，2010）。然而，员工创造力的相关研究表明，良好的人际互动也是员工创造力的重要源泉（Perry-Smith & Shalley，2003）。因此本书认为，作为典型的人际互动行为，职场员工关系网络建构行为很可能会促进员工创造力的提升。以社会资本理论为基础，本书首先从理论上建立了职场员工组织内的关系网络建构行为对员工创造力的影响模型，并进一步检验了资源获取和创新内在动机在其中所起到的中介作用和调节作用。这对于延展职场员工关系网络建构行为的影响范围是新的探索。

职场员工关系网络建构行为相对而言是一个前沿领域，国外的相关研究正在兴起，国内目前只有少数公开发表于中文期刊的实证研究（吴静珊、王才康，2010；周含、张翠翠，2013）。本书的相关实证探索，有助于国内对职场员工关系网络建构行为研究的关注，丰富相关理论与实证普适性研究。

（二）实践意义

在已有研究的基础上，本书试图对职场员工组织内、外关系网络建构行为的前因及其影响作用进行更多的探索。结合本书的研究问题，主要的实践意义可总结如下：

第一，本书在研究职场员工关系网络建构行为的前因时，结合成就需求动机理论、组织政治理论及特质激发理论，分析员工成就需求动机（包含成就需求动机、权力需求动机、亲和需求动机）、组织政治感知对于职场员工组织内、外关系网络建构行为的影响，并进一步分析成就需求动机和组织政治感知的交互作用对于职场员工组织内、外关系网络建构行为的影响。这一研究结果对于实践意义主要有两个方面：首先，实证结果对于我们了解职场员工组织内、外关系网络建构行为的动机，提供了具体的实证依据。或者说，我们对于“为什么员工在实施职场员工组织内、外关系网络建构行为方面会产生差异”会有更多的了解。相关结果很可能会有助于企业进行人员的任用与选拔。如对于那些需要大量与组织内、外相关人员进行联络与沟通的岗位，在人员配置时需要考虑到不同员工的需求动机。如果员工缺乏相关的动机，则不会表现出更为主动的关系网络建构行为。其次，本书还从理论上预测了组织政治感知影响员工实施职场员工组织内、外关系网络建构行为。也就是说，当员工感知到的组织氛围是更为模糊、人治和自利的，为了更好地获得自身的职业利益，员工很可能花费更多的时间和精力在自我职业利益的获取上。结合实证研究的结果，建议企业尽可能创造更加公平公开的管理考评机制和监督传导机制，让员工把更多的精力用于提升工作的绩效，从而把员工的职业利益获取更好地与企业的绩效提升相结合。

第二，在子研究二中，本书试图探讨组织外的关系网络建构行为对员工离职倾向的影响，并进一步检验了工作流动性的感知和组织认同在其中所起到的中介作用和调节作用。结合相关研究结果和企业的人力资源管理实践，本书建议在企业对外人际互动较多的岗位上，要留意控制好人际交往过程，减少对外互动环节中的个人依赖，以免员工的离职带给企业过高的损失。更有趣的是，本书发现员工的组织认同是一个很显著的干预因素。因此，企业为了留住核心员工，一个有效的方式就是提升员工的组织认同。这其中呼应了一句俗话“留人留心”。或者说，当员工对组织有高的组织认同时，即使有更多的机会，也可能更愿意留在组织之中。

第三，在子研究三中，本书发现员工组织内的关系网络建构行为有助于员工获取更多的资源，进而影响了员工的创造力。同时，创新内在动机加强了资源获取对于员工创造力的影响。这一研究结果，是从社会资本的视角来研究员工创造力提升的前因，同时也说明了员工的创造力受到个体非正式的职场互动的影响。联系到企业的创新管理实践，为了提升员工的创造力，一方面，组织可以通过各种非正式的活动（如联谊、聚会等）来促进员工之间的关系网络建构环境；另一方面，相关组织制度和平台如果可以更有助于员工获得资源，也是显著提升员工创造力的方法。

第三节　研究方法和研究思路

一、研究方法

在研究方法上，本书主要运用文献研究方法、目标样本访谈法以及问卷调研与统计检验相结合的方法展开研究：

（一）文献研究法

本书的主要研究对象是职场员工关系网络建构行为的前因及其影响作用，目前相关研究还处于刚刚起步的阶段，并且以往的研究多关注变量间的相关关系，在理论的使用上还处于探索阶段。结合本书的问题，在系统分析原有研究对此概念定义和内涵的基础上，本书结合了多学科的理论，进行总体的模型建构。

在理论使用方面，本书结合了来自社会学的社会资本理论、心理学的成就需求动机理论及管理学的组织政治理论、组织认同理论等来解释职场员工关系网络建构行为的前因及影响作用机制。已有研究表明，组织内、外的员工关系网络建构行为的对象存在很大的差异性，并起到了不同的影响作用。因此，本书首先把职场员工关系网络建构行为划分为组织内、组织外两个子维度，然后在理论分析和总结国内外相关理论研究的基础上，建构了总体理论框架及概念模型。

（二）员工和企业访谈

本书的理论模型建构之初，本书选取了目标企业和员工，对研究相关的问题进行了面对面的交流，并在此基础上修正了理论的模型框架。

正式调研的问卷发放之前，本书也分别在两次目标样本中各选择了6位员工进行预调研，以保证问卷的题项翻译达意并易于理解。这6位员工给本书最终的样本收集提供了很多有价值的建议，提高了数据的实测效度。

（三）问卷调研

在模型验证阶段，本书根据理论模型设计调研问卷，并结合研究的问题侧重方面，选取了两个不同类型的样本进行问卷调研。由于研究设计和数据特点的差异，分别使用了相匹配的统计方法和软件进行数据分析。具体来说：

本书中的子研究一和子研究二以245位MBA学生为研究样本，数据类型是横截数据样本（单次、同源），主要使用AMOS17.0、SPSS18.0、SOBEL等软件进行相关数据分析检验。

子研究三样本由来自上市公司的234名员工及其配对的60名主管构成，数据类型为多时点（3次，每次间隔1个月）、多源（由员工和领导分别进行相关变量的评价）的样本，主要使用AMOS17.0、HLM6.02等软件进行相关数据分析检验，并采用Broostraping技术进行了有调节的中介检验。

二、研究思路

分析研究背景，并根据研究的理论和实践背景提出研究问题，为之后的进一步研究打下初步的理论基础。

初步确定研究的理论总体框架。根据核心变量的定义与内涵，结合相关的理论初步确定了三个核心子研究的主要研究问题和核心变量。接下来搭建了可分为三个子研究的总体理论框架模型，在专家的指导和企业的调研之后对原有思路做了进一步的调整和修正。

实证研究分析。根据总体理论框架，在文献研究的基础上提出研究假设并选择合适的量表，在实测前对目标样本进行预测试，以确保所有的测量题项翻译达意并易于理解。在数据样本全部收回之后，分为三个子研究对原假设进行分析验证。

总结整体的研究结论，讨论研究结果的理论和实践意义，并指出研究的局限性和对未来研究的展望。

本书的总体思路示意如图 1－1 所示。

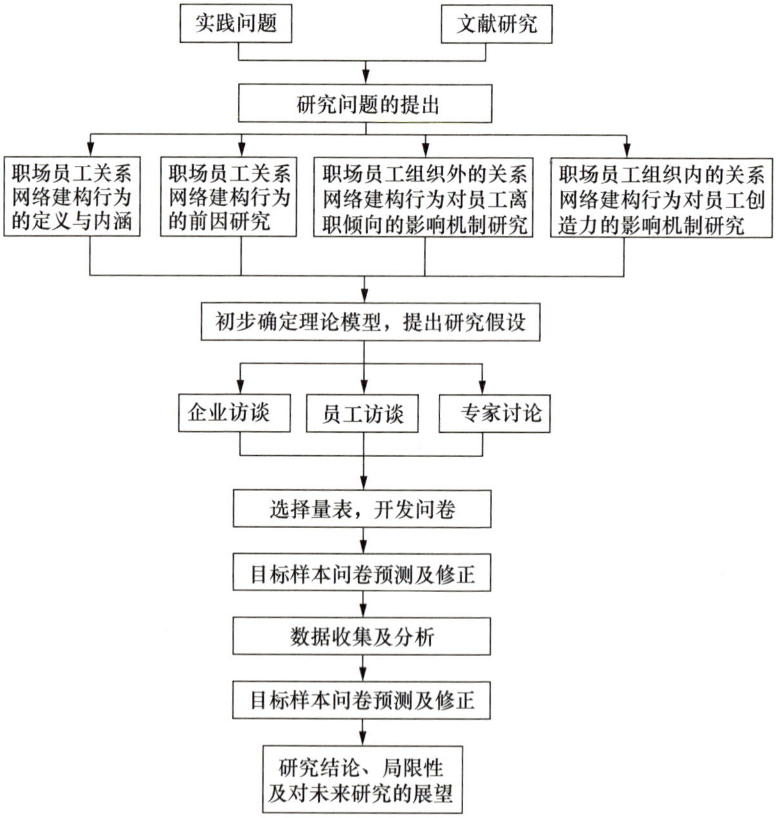

图 1－1　本书的总体思路示意

第四节　研究内容和创新之处

一、研究内容

在文献研究的基础上，本书首先构建了总体的理论模型，并结合研究的问题，把相关实证研究分为三个相互关联的子研究：职场员工关系网络建构行为的前因、职场员工组织外的关系网络建构行为对员工离职倾向的影响机制及职场员工组织内的关系网络建构行为对员工创造力的影响机制。

具体而言，本书共分为六个章节：

第一章是绪论部分。在绪论部分，首先介绍了研究的背景，并提出要研究的具体问题；接下来说明了研究的目的、意义及研究的方法和思路；并对研究的内容和创新之处进行了具体说明。

第二章是文献研究，包括理论基础及相关文献述评。对主要理论基础个体需求动机理论、社会资本理论进行了梳理和总结，对主要研究变量职场员工关系网络建构行为的概念和相关研究进行了归纳述评。

第三章是实证研究的模型建构，主要可以分为三个子研究。子研究一是职场员工组织内、外关系网络建构行为的前因研究，子研究二是职场员工组织外的关系网络建构行为对员工离职倾向的影响机制研究，子研究三是职场员工组织内的关系网络建构行为对员工创造力的影响机制研究。

第四章是研究设计。其中包括研究样本分析、变量测量、数据分析方法及程序等几个部分，这一章也为下一步的实证结果分析提供了有效的支持。

第五章是实证结果分析。分别对三个子研究的样本数据进行了验证性因素分析、相关系数分析、假设关系检验分析等，特别对假设的结果进行了分析。

第六章是结论与讨论。总结主要的研究结论、在理论上的研究贡献及对实践的管理启示、研究的局限以及未来的研究方向。

二、创新之处

本书可能的创新之处主要包括三个方面：①丰富了个体需求动机与职场关系网络建构行为之间关系方面的研究；②建立并实证检验了职场员工组织外的关系网络建构行为对员工离职倾向的影响机制模型；③延展了职场员工关系网络建构行为的影响范围。

理论及其研究方法的影响，他更加关注研究社会人的高层次需要与社会性的动机，并且坚持不懈地采用系统的、有效的、科学的方法进行研究。在大量测试和实验的基础上，McClelland 等提出了个体在工作情境中有三种重要的需求动机，分别是成就需求（Need for Achievement）、权力需求（Need for Power）、亲和需求（Need for Affiliation），也称为三种需求理论（Three Needs Theory），陆续发表了大量相关的学术研究成果（McClelland，1962，1965，1967，1985；McClelland，Atkinson & Clark et al.，1976；McClelland & Burnham，2003；McClelland & Steele，1972）。因为在研究中 McClelland 等特别强调了成就需求的重要性，也称为成就需求动机理论。以下对三种需求的相关研究分别进行综述。

（一）成就需求（Need for Achievement）

按照 McClelland 的定义，成就需求是：个人在工作时与自己所持有的良好或者优秀标准相竞争的冲动或欲望。或者说，是指个体希望能做得更好的一种需要。成就需求高的人具有强烈的事业心和进取心，并富有冒险精神，努力争取成功（McClelland et al.，1976）。

McClelland 最初对于成就需求动机的研究源于失业工人的实验。通过调查发现，450 名刚被解雇的工人在失业后有明显不同的应对行为。有的人选择先在家休息一段时间，然后去就业署进行登记，等待类似的工作机会；而有极少数的人以积极的态度面对失业，他们积极打探各种可能的就业机会，参加培训班学习新的技能，甚至会背井离乡去找新的工作（Koestner & McClelland，1990）。对于这种极少数人的积极状态和非常强烈的动机，McClelland 命名为“A 型动机”，这之后的成就动机也是基于此的进一步研究。

McClelland 总结了成就需求动机的三个主要特点：

第一，自己设立具有适度挑战性的目标。当高成就动机的人可以自己设定工作目标时，会挑选在他们看来适中的任务，不会避重就轻，也不会自不量力。他们会评估可能完成的程度，然后再选定一个自己力所能及的目标，通常是通过努力就可以达到的任务。对他们而言，会从自身的奋斗中，充分体验成功的喜悦与满足。他们在成功之后会要求应该得到的回报；如果失败了也能够承担责任。

第二，喜欢通过自己的努力解决问题。他们不依赖运气获得偶然的成功，不会随波逐流而总是想有所作为。除了请教能提供所需技术的专家外，他们不主动寻求别人的帮助或忠告。比如在面对困难时，有的人会听天由命，有的人会回避放弃，而他们则会理性地分析状况并主动解决问题。

第三，希望能立即给予反馈的信息，及时得到结果。他们往往倾向于那些能短期看到效果的工作，希望自己的努力能够很快得到回报，缺乏“积小流以成江海”的耐心。比如在职业选择上，他们往往更愿意选择做销售，而不是教师。因为在他们看来，销售可以随时看到努力的结果，而教师的作用要在更长的时间内才看得到结果。

McClelland 在研究中发现，具有成就需求的人，可以长时间地投入工作，并从工作的完成中得到很大的满足。即使真正出现失败，也不会过分沮丧，他们会理性分析失败并且想办法去克服，因此他们往往更容易获得成功。一般来说，他们也喜欢表现自己（McClelland，1985）。通过跟踪 55 名 Wesleyan 的毕业生 14 年的时间，McClelland 发现成就动机高的个体会更加富有创业精神（McClelland，1965）。由于他们时刻会想要把工作做得更好，往往能够得到更高的成就。而一家公司如果有很多成就需求高的员工，往往会发展得更加迅速；而一个国家中，如果企业中的员工都有强烈的成就需求动机，也会推动国家的经济发展水平。比如他在研究中国和印度时发现，印度对于孩子的教育有很多的宿命色彩，而中国更注重现实世界的改进（McClelland，1967）。

另外，McClelland 在认识到成就需求动机的作用之后，还试图寻找如何培养成年人的成就感。从 1960 年开始，他们以企业经理为研究对象，在哈佛大学做了大量的试验。最终的实验结果显示，参加实验的人员的成就动机在不同程度上都有所提升。后来这一实验结果被广泛用于训练管理者的创业精神和主动性。他的实证结果证明，成就需求动机是可以后天习得的。

（二）权力需求（Need for Power）

McClelland 在研究成就需求时发现，成就需求动机增强了管理者的创业精神，有助于企业的发展，甚至会成为影响国家经济增长的重要因素。然而，他同时也发现，那些具备强烈成就需求动机的人，却很少有率领众人的领袖人物。甚至于，一个人的成就需求动机强，领导能力就低。McClelland 分析其原因时，归结为成就需求动机强的人更习惯于专注自己的任务，而不愿意把时间和精力花在别人身上。但是，对大规模企业的领导人物来说，更重要的工作不是自己专注个人的成功，而是有责任去带领他人共同取得成功。激发他人共同获得成就，与自己的努力相比，很可能是不同的动机。因此，McClelland 随后开始更加关注对于权力需求动机的研究（McClelland，1970），其学生温特（David Winter）也一直致力于权力需求动机领域的研究。

权力需求是指影响或控制他人且不受他人控制的需求（McClelland，1970；McClelland & Burnham，1976）。权力需求高的个体具有强烈的权力欲望，强烈地希望影响或控制他人且不愿意受到他人控制。具有高权力需求动机特质的人，喜欢竞争性的环境，追求更高的地位和对环境的控制性（Winter，1973）。

需要说明的是，权力需求动机是个人普遍性的社会性需要，只是每个人表现出来的程度不同，表现的方式也会存在差异。McClelland 认为，一般大家理解的权力需求动机都是狭义的，表现为个人在政治上或组织中的权力欲望。但更为广义上的权力需求动机，可以从上级与下级、长辈与晚辈、教师与学生、专业人员与非专业人员等存在不同社会角色和地位的人际互动之间表现出来。一般来说，权力需求动机高的人喜欢具有竞争性和能体现较高地位的场合或情境，他们也会追求出色的业绩，但与高成就需求的人不同，他们更关注获得地位和权力或希望自己的业绩能与自己已具有的权力和地位相称。

McClelland（1970）在研究中提出了两种不同的权力观念，包括“个人化权力动机”（Personalized Power Motive）和“社会化权力动机”（Socialized Power Motive）。其中，追求“个人化权力”的人以实现个人统治为核心，在工作中通常要求及时的反馈，以及更愿意自己亲自控制。而“社会化权力”则希望能与组织共同发展，他们会自觉地接受约束，从体验行使权力的过程中得到一种满足。McClelland 指出，如果能把个体的权力需求动机更好地社会化，权力需求动机就会从利己行为转为利他行为。

后续的研究也发现，“个人化权力动机”和“社会化权力动机”有着明显的差异（Lynn & Oldenquist，1986）。其中个人化权力需求动机较高的人的主要行为表现可以分为三种类型：①乐于参与社会性活动，并善于利用机会表现自己。他们很可能表现出对于社会事务的极大热情，但根本上还是有自己的私欲。②热衷于追逐权力和地位，甚至为达到目的不惜采用非常手段。他们往往喜欢参与各种政治性的活动，但他们参政的主要目标是地位和权势，而并非造福社会。③将物质条件视为最高价值。他们以物质生活为享受，竭尽全力聚敛财富，并试图凭借这些物质财富进行炫耀，以达到影响他人甚至控制社会的目的。

社会化权力动机（Socialized Power Motive）强的人的主要行为表现也可以分为三种类型：①他们关心社会，但很可能并不直接参与社会的事务管理，而是采用更间接的方式去影响他人和社会，如传播他们的观念、新的知识等。这种类型的人在艺术、教育、培训等行业比较常见。②关心社会，也实际参与社会事务，以己之长服务社会大众，如解除别人的痛苦、维护社会安全等，从而达到影响他人、造福社会的目的。很多不以营利为目的的工作人员，都可归为此类型。③以服务社会为目的的团体领袖，这种人对社会抱有强烈的使命感，致力于以其才能领导大众，引领社会和组织的变革，以此达到影响他人和造福社会的目的。他们虽然有高高在上的领袖地位，也拥有支配别人的权力，但他们并不以行使权力时得到的个人满足作为目的，而是看重积极的社会影响力。

（三）亲和需求（Need for Affiliation）

McClelland 等研究指出，作为潜在人格特质之一的亲和需求动机，是希望与他人建立和谐友好人际关系的需要动机。高亲和需求的个体，喜欢更加合作而不是竞争的环境，重视他人的感受，期望获得良好人际关系带来的愉悦感（McClelland，1971，1985，1987；McClelland et al.，1976）。

McClelland的学生McAdams对于亲和需求动机做了大量的研究。McAdams（1990）把亲和需求动机定义为：对温暖、亲近和他人交流的偏好或者愿望。亲和需求动机高的人，相比而言有四个方面的显著特点：①每天会用更多的时间来考虑人际关系；②愿意与他人相处，当周围有其他人时，其愉悦感会提升；③喜欢笑，并愿意与人他进行更多的目光接触；④更加频繁地发起交谈或写更多的信件。但是，亲和需求与外向是不同的，高亲和需求的人通常只有少数极其重要的朋友，喜欢彼此的交流真诚而有意义，他们并不一定开朗和健谈，也不是特别热衷于聚会。他们通常善于聆听，更愿意分享一些情感、期望等亲密或私人的话题。因此，亲和需求动机高的人，总是会被他人评价为“真诚”“不以自我为中心”等（McAdams，1990）。

McClelland等提出的亲和需求动机与马斯洛（Abraham Maslow，1908～1970年）的感情上的需求、奥尔德弗（Clayton Alderfer）ERG理论[①]中的关系需求内涵类似。Mcadams等的一项历时17年的纵向研究发现，高亲和需求动机的人在多年后的生活适应性更好，比如他们对工作和家庭更满意，应对压力能力强，更少酗酒的问题（McAdams & Vaillant，1982）。目前的研究还没有发现，成就需求动机、权力需求动机存在显著的性别差异，但研究发现女性的亲和需求动机平均水平明显高于男性（McAdams，1990；McAdams & Bryant，1987）。

在McClelland看来，亲和需求动机高的人并不适合管理者职位。这是因为注重亲和需求的管理者容易因为讲究交情和义气，而违背或不重视管理工作原则，从而会导致组织效率下降。McClelland等在研究中指出，高亲和需求动机的个体对人际关系非常敏感，甚至为了避免人际冲突而采取回避、妥协的态度。具体表现在工作中，当组织中的人际关系氛围友好时，高亲和需求动机的人会有较高的工作效率；反之则可能会产生焦虑等情绪（Byrne，1961）。也有学者认为，对于亲和需求高的个体，与他人的交往是最基本的需要（Pittman & Heller，1987）。与此相关，中国台湾学者杨国枢认为，中国人一向注重人际关系和谐以及团结，人际关系和谐是中国人的一种强烈的需要（杨国枢，1995）。

二、社会资本理论

经济学最早提出了“资本”的概念，自经济学的主要创立者亚当·斯密（Adam Smith）以来，资本一直被定义为可生产产品的“产品”，资本和土地、

① 克雷顿·奥尔德弗认为，人们彼此之间共存在三种核心的需要，包括生存（Existence）的需要、相互关系（Relatedness）的需要和成长发展（Growth）的需要，因而这一理论被称为“ERG”理论。

劳动并列为最基本的经济社会的生产要素。这期间，对资本概念的理解还局限于可计量的“物质化的资本”。20世纪50年代，“人力资本”（Human Capital）进入经济学研究的视野。美国经济学家舒尔茨（Schultz）、贝克尔（Becker）等提出，职业培训、教育、保健甚至迁移都可视为对人本身的投资。他们对于资本的理解打破了人们以前的认知，并引起了社会学家的关注。随后，以社会网络、人际关系等概念为核心词汇的社会互动与联系，也被纳入了“资本”的范畴，并明确提出了“社会资本”的概念。

具体而言，在20世纪80年代初，以法国社会学家布迪厄（Bourdieu）、美国社会学家格兰诺维特（Granovetter）为代表的新经济社会学家对当时主流的经济理论进行了批判，他们认为新制度经济学（New Institutional Economics）和在这之前的经济理论（如以凯恩斯为代表的新古典经济学）都存在一种失误，表现为忽略了个人社会关系网络对于组织和个体决策及行为的重要影响。1985年，美国学者格兰诺维特提出“嵌入性”（Embeddedness）概念并明确指出，人类社会的过程本身应被视为人际互动的过程，所有的互动行为其实都嵌入于个体生活的社会关系网络之中，人际互动产生的信任是交易行为的基础，同时也是决定交易成本的重要因素。简而言之，所有的经济活动并非只局限于经济领域，也有其社会性的基础。1986年，Bourdieu首次提出并系统地表述了“社会资本”的概念，他指出社会资本是现实或潜在资源的集合体，这些资源与关系网络相关。1990年，美国社会学家科尔曼（Coleman）结合了经济学中的理性行为理论与社会学中的社会网络结构理论，进一步界定了“社会资本”的功能。科尔曼认为，社会关系的存在是行为者为了各自的目标和利益进行交换、转让对资源控制的结果。因此，社会关系不仅是社会结构的组成部分，而且也是一种个人拥有的资源。“社会资本”的概念和相关理论虽然来自社会学家的研究，但迅速引起了社会学、经济学、政治学、人类学和管理学等多个研究领域的关注，相关研究呈现出繁复多元的趋向。

以下，本书试图从社会资本的概念及内涵、社会资本的不同分析层次、社会资本理论的小结这三个方面进行概要评述。

（一）社会资本的概念及内涵

由于各自的研究领域和研究目标，不同的学者在社会资本定义上给予了不同的界定。其中，最有代表性的包括皮埃尔·布迪厄（Pierre Bourdieu）、格兰诺维特（Granovetter）、詹姆斯·科尔曼（Jammes Coleman）、亚历詹德罗·波茨（Alejandro Portes）、罗伯特·D. 普特南（Robert D. Putnam）、罗纳德·伯特（Ronald Burt）、林南（Lin Nan）和弗朗西斯·福山（Francis Fukuyama）等。以下分别具体说明：

1. Bourdieu首次提出社会资本的概念

目前，学术界公认，是法国社会学家Pierre Bourdieu首次对社会资本的概念进行了系统表述。Bourdieu（1986）认为，社会资本就是真实或虚拟资源的总和。这些资源的质和量与一个群体中的成员成分相关，并从集体拥有的角度为每个成员提供支持。同时，由于拥有的持续性的网络通常都是被制度化了的相互默认和认可的关系，其形成本身是自然积累的过程。

Bourdieu 对于社会资本的概念本质上是“工具性”的。他强调个人对社会能力的刻意建构，其过程是个人通过参与群体活动而持续增加的收益，创造了资源。Bourdieu 认为社会网络不是天生具有的，要通过投资于群体关系来进行制度化的战略建构，同时社会资本也是其他收益的可靠来源。也有学者认为，Bourdieu 的局限主要在于把每一种类型的资本（包括社会资本）都转化为经济资本进行最后的分析，这其实忽略了非经济类型资本的独特效用（张文宏，2004）。

2. Granovetter 的“弱连接”理论

Granovetter 是美国新经济社会学的重要代表人物，他在继承卡尔·波兰尼（Karl Polanyi，1886～1964 年）[①] 关于“经济是社会的一部分”“经济行为是嵌入社会行为中的”等思想的基础上，提出了“弱连接”（Weak Ties）理论（Granovetter，1973）和“嵌入性”理论（Granovetter，1985），延伸了“社会人”假设基础上的经济社会学的相关领域研究。Granovetter 的“弱连接”理论成为社会资本研究理论非常重要的基础之一（Seibert，Kraimer & Liden，2001）。

“弱连接”理论源于 Granovetter 在哈佛大学的一项研究（Granovetter，1973）。他在研究麻省牛顿镇的居民如何使用社会网络找工作时发现，社会关系网络成为劳动力市场中传递工作信息的最重要的渠道。有趣的是，能够帮忙找到工作的人通常是只有较少联系的人。而相反，亲密的朋友之间很难有机会可以帮上忙。Granovetter 把那些与自己接触最频繁的人，如亲戚、同学、朋友、同事等，称为“强连接”（Strong Ties）。“强连接”通常与我们有十分稳定的、相对频繁的接触，然而社会认知也往往是趋同的；除此之外，我们还有相对更为松散的、广泛的社会关系，彼此间只是存在肤浅的社会认知程度，如一个人无意间被另一个人提到，打开收音机偶然听到的一个人等，称为“弱连接”（Weak Ties）。Granovetter 在研究中发现：其实与一个人的工作和事业关系最密切的社会关系并不是“强连接”，而常常是“弱连接”。“弱连接”虽然不如“强连接”那样稳定和可靠，却有着低成本、高效能的传播效率，是求职过程中信息传递的“桥”。

① 卡尔·波兰尼，出生于匈牙利，1933 年移居英国，是著名社会思想家、经济史家和经济人类学家。著有《大转型：我们时代的政治与经济起源》（*The Great Transformation – The Political and Economic Origins of Our Times*，1944）等书。在《大转型：我们时代的政治与经济起源》中，他提出，英国社会和经济产生变革的原因，既非机器或先前世界贸易的蓬勃发展所致，也并不是由于农业革命产生的过剩资本，而主要是由于市场体系的延伸、超越货品贸易和资本交易的供需法则，以及土地和劳动力的作用。他的观点直至今日仍然有着广泛的争议。

3. Coleman 的社会资本功能论

在社会资本领域，Jammes Coleman 被认为是影响最大的学者（郭毅、罗家德，2007）。他从功能的角度给予社会资本全面的界定。Coleman 认为，社会资本就是个人拥有的社会结构资源（Coleman & Coleman，1994）。同时，他指出社会资本并不是一个简单的实体，而是由多种不同特征的不同实体构成的；社会资本由社会结构的某些方面组成，并促进了处于该结构内的每个成员的相关行动。Coleman 认为，与其他资本（如物资资本和人力资本）类似，社会资本是具有生产能力的，拥有社会资本会有助于行动者实施工具性行为。但与其他资本不同的是，社会资本存在于人际关系的结构中，但其本身并不是个人的附属品，也不是物质生产过程中的必然产物（Coleman & Coleman，1994）。

由于 Coleman 用功能来对社会资本进行定义，也遭到一些学者的批评和质疑。因为如果从“功能”的观点来对“社会资本”进行定义的话，很可能包含同义反复：也就是说对社会资本潜在的影响，只能通过结果进行识别，这就很难将社会资本作为一个稳定的“原因”来预测或推论经济社会的现象。

4. Portes 的社会资本嵌入论

美国社会学著名学者 Alejandro Portes 对社会资本提出了精致和全面的表述。Portes 认为，社会资本是个人通过他们的成员身份在网络中或者在更宽泛的社会结构中获取稀缺资源的能力。他指出，获取这些稀缺资源的能力并不是个人固有的，而是个人与他人的联系中包含的一种资产。或者说，社会资本是嵌入（Embeddedness）的结果（Portes，1995，2000）。

5. Putnam 的社会资本社区论

美国著名社会学家 Robert D. Putnam 的社会资本概念被认为是社区视角，Putnam 认为，相比物质资本和人力资本，社会资本主要由社会组织的特征构成，比如信任、规范以及网络，并通过推动协调、行动来提高社会的运行效率。Putnam 提出社会资本本身，促进了投资于物质资本和人力资本的收益（Putnam，1993）。

在 Putnam 的观点中，一个对普遍性、互惠性有依赖的社会，比没有信任的社会更有效率，因为信任为社会生活降低了消耗。他更进一步指出，信任、惯例以及网络这样的社会资本存量，会有自我强化和积累的倾向。在 Putnam 看来，社会资本不只是个体的资源，也是全社会所拥有的财富，一个社会的经济与民主发展，都在很大程度上受制于其社会资本的丰富程度（Putnam，1993，1995）。

6. Burt 的“结构洞”理论①

美国社会学教授 Ronald Burt 是著名的“结构洞”理论的提出者。在 Burt 看

① Burt 的“结构洞”（Structural Holes），是指由三人（以上）构成的封闭关系网络中，如果其中任何两人之间没有联结或者关系中断，则第三人就处于绝对控制信息的有利位置，即“结构洞”位置。

来，社会资本是网络结构给网络中的行动者提供信息和资源控制的程度，是个体通过朋友、同事以及更一般的熟人，获得使用金融和人力资本的机会（Burt，1992，2000，2001）。Burt 对社会资本的定义也被称为“结构洞”式的社会资本。

如果说 Bourdieu、Coleman、Putnam 等强调紧密联系的网络是社会资本出现的前置因素，那么 Burt 关心的是完全相反的情况。在 Burt 看来，正是某些个体之间联系的缺乏（称为“结构洞”），促进了个体的流动、信息的获得和资源的获取。

7. 林南的社会资源理论

美籍华裔著名的社会学学者林南是社会资源理论的提出者，他认为，社会资本是从嵌入于社会网络中的资源获得的。因此，林南把社会资本定义为：嵌入于一种社会结构中的资源，这些资源可通过有目的的行动来摄取或动员。林南的社会资本概念包含三个方面：①社会资本是嵌入于一种社会结构中的资源；②个人有获得这些社会资源的能力；③借助于有目的的行动可运用或动员个体的社会资源。简而言之，林南的社会资本包含：结构的（嵌入性）、机会的（可摄取性）和行动导向的（运用）方面（林南，1999）。

林南从社会资源的视角进一步发展了社会资本理论，并集成了此领域以往的研究成果。他突出了社会资本的关系性和生产性这两个重要属性，促进了社会资本理论的完善和发展。

8. Fukuyama 的社会资本“信任”说

美籍日裔著名的社会学学者 Francis Fukuyama 提出了社会资本的“信任”说（Fukuyama，1995）。Fukuyama 在 Putnam 研究的基础上，特别突出了社会资本对于产生信任的重要性。Fukuyama 认为，社会资本是一种非正式的规范，这种非正式的规范可用事例说明，并有助于两个或更多个个体之间的相互合作。同时，他也指出，并非所有可用事例说明的非正式规范都是社会资本，构成社会资本的规范必须能够促进群体内成员间的相互合作。因此，社会资本往往与诚实、遵守诺言、履行义务及互惠等促进再次合作的美德存在联系（Fukuyama，1996）。

Fukuyama 是从文化和经济学的角度来研究社会资本的，他把社会或群体中成员之间的信任普及程度视为一种社会资本，并认为社会的经济繁荣在相当程度上取决于该社会信任程度的高低，相关学术研究也引起了实践和学术界的广泛关注。

（二）社会资本的不同分析层次

根据已往学者的研究，划分社会资本理论中的分析层次有两种方式。一种是将分析的层次划分为个体和群体（或组织）；另一种是将分析的层次划分为微观、中观和宏观。

1. 个体和群体的分析层次

在个体层次上主要研究个人通过动用社会资本，如何获取、使用嵌入于社会网络中的资源，从而得到工具性行动中的回报和维持情感性行为中的收益。在社会资本个体研究层次，主要有代表性的研究者包括林南、Burt 和 Portes 等。

在群体层次上，社会资本则聚集于群体的规范、信任、制裁和权威等群体的社会资本如何成为集体资产，同时，这些集体资产又是如何增加群体成员的生活机会的。在社会资本个体研究层次，主要有代表性的研究者包括 Bourdieu、Coleman、Putnam 等。

无论是从个体层次切入，还是从群体层次来研究社会资本，可以得到所有学者认可的是：关系网络中各成员的互动，使社会资本得以维持和再生产成为可能。

2. 微观、中观和宏观的分析层次

美国学者托马斯·福特·布朗（Thomas Fort Brown）和乔纳森·H. 特纳（Jonathan H. Turner）等，试图采用系统论的方法，把社会资本的分析层次归纳为微观层次、中观层次和宏观层次三种（Brown，1999；Turner，2000；Woolcock & Narayan，2000）。Brown 等认为，微观层次的社会资本分析嵌入了自我的观点（the Embedded Ego Perspective）。在微观层次的社会资本理论关注的是，个体对社会网络资源的动员潜力。在社会资本微观研究层次，主要有代表性的研究者包括 Coleman、Putnam、林南等。

社会资本理论的中观层次主要关注资本的网络结构。这一层次的社会资本研究关注特定网络的结构性、各成员之间的联系以及资源形成的途径等。和微观层次关注组织网络的个体不同，中观层次的社会资本分析更看重网络的形成过程及其利益的分配结果。在社会资本中观研究层次，"结构洞"理论是有代表性的（Burt，1992，2000）。此外，其他以组织作为单元进行的社会资本研究，也都可以归属于中观层次（Arregle，Hitt & Sirmon et al.，2007；Leana & Van Buren，1999；Nahapiet & Ghoshal，1998；Yang，1994；Yli Renko，Autio & Sapienza，2001）。

根据 Brown 等的观点，宏观层次主要关注社会资本网络如何嵌入于社会政治、经济和文化的系统中，这一研究层次也被称为嵌入结构的视角（the Embedded Structure Perspective）。宏观层次的社会资本理论以较大的政治经济系统或文化与规范的系统为研究对象，具体关注形成、证明及展开社会资本的网络是如何嵌入其中的。在宏观社会资本的分析层面上，社会资本的网络会植入于政治、经济和文化等重叠的系统中，但是分析的重点并不是社会资本。如 Brown 在进行工业结构化理论建构时，也会引入社会资本网络的文化要素（Brown，1999）。在这个意义上，所有想借助于社会资本的概念去解释社会、民族、文化、国家或地区经济和社会发展的理论模型都可以归属于宏观层次的社会资本理论研究中。

（三）社会资本理论的小结

作为一个跨学科的研究范式，社会资本理论的研究已经被学者广泛应用于社会学、经济学、人类学、生物学和政治学的研究中。社会资本因其作为人类自身可以构建、调用的人际关系性资源，无论是对于个人、组织、国家还是对于整个社会，都有难以忽略的影响作用。

以社会关系网络为研究核心的社会资本理论在引入管理学之后，也为管理学开辟了全新的研究视角。正如 Granovetter（1985）所说，人们的活动不可能孤立于社会关系系统之外，管理活动实际上也并不会例外。简而言之，社会资本在管理领域中的相关研究或可分为群体层级和个体层级。组织层级的相关研究主要包括创业与创新、企业竞争力、产业集群、战略联盟、企业投融资等，大量研究从理论和实证上证明了组织的社会资本会有助于组织内外部资源与信息的交换，促进了组织内和组织间的信任、合作、知识积累和工作效率的提升。而个体层级的相关研究主要集中于对就业、个人职业成功和职业发展的研究上。

具体来说，本书以职场员工为研究对象，在职场员工关系网络建构行为的后果研究中（子研究二、子研究三），本书主要基于隶属于社会资本理论、由林南提出的社会资源理论，来进行理论模型的构建及相关假设的陈述。从个体和群体的分析层次上，是个体分析层次；而从微观、中观和宏观的分析层次上，是微观的分析层次。

需要进一步说明的是，本书使用的是社会资本的理论来试图解释职场员工关系网络建构行为的影响后果，而并非是把“社会资本”作为一个概念（可统计的结构化变量）[①] 进行研究。

第二节　职场员工关系网络建构行为的概念及相关研究综述

20 世纪 80 年代，新经济社会学家 Bourdieu、Granovetter 等指出，人类社会

① 把“社会资本”作为一个概念或者一个理论，是不同的研究范畴。这里所说的把“社会资本”作为结构化变量，是指把“社会资本”本身作为一个可以量化研究的概念，具体在研究时可测量个体社会网络的规模、位置、成分、密度等（Seibert et al.，2001）。而社会资本理论本身，包含着更为丰富的内涵。简而言之，从社会资本理论的内涵来看，所有关注社会关系网络的相关研究，都可以隶属于社会资本理论的研究范围。

的过程本身应被视为人际互动的过程，所有的互动行为其实都嵌入于我们生活的社会关系网络中。自此开始，社会关系网络的相关研究成为管理学备受关注的领域。

从已有的文献来看，相关的研究取向主要可以分为三类：第一类从组织网络结构的视角切入，研究职场员工关系网络建构行为对企业获得竞争优势和企业成长的影响（Bourdieu，1984；Burr，1992；Coleman，1988；Watson，2007）。随后的实证研究也表明，企业可以通过企业集团组织、企业战略联盟等方式获得更好的组织绩效和组织创新能力，进而提升企业的竞争力（Gerlach，1992；Lincoln，Gerlach & Ahmadjian，1996；Lincoln，Gerlach & Takahashi，1992）。该研究取向一直以来都是热点。

第二类从个体网络结构的视角入手，研究个体的网络结构特点产生、变化的原因及其相关的影响。比较有代表性的是 Burr（1992）提出了行为者自我网络的形状或拓扑结构“结构洞”，以及 Granovetter（1973）和 Coleman（1988）关于“强关系和弱关系”的研究。此领域的研究起步相对发展非常迅速，产生了丰富的研究成果（Burt，2004；Gargiulo & Benassi，2000）。

第三类则从职场员工关系网络建构的具体行为入手，研究职场员工关系网络建构的行为对员工工作或职业发展的影响（Thompson，2005；Wanberg，Kanfer & Banas，2000；Wolff & Klaus，2009）。从“行为”的研究视角切入，是以往人际关系网络研究中较为忽视的，直到近年来才开始逐渐受到学者们的关注，也是本书拟定的研究角度。以下基于本书拟定的研究内容，先对职场员工关系网络建构行为的定义、测量工具和相关实证研究进行梳理。

一、职场员工关系网络建构行为的定义与内涵

（一）职场员工关系网络建构行为的定义

从已有的文献来看，关于职场员工关系网络建构行为（Networking Behavior）的研究开始于 20 世纪 80 年代，Luthans 等（1985）在研究经理人的管理行为时发现，优秀的经理人会主动投入更多的时间和精力联系客户及供应商、参加聚会、建立社交关系或参加各种团体活动，从而构筑个人的关系网络。Luthans 等将这些行为统称为关系网络建构行为，但并没有对此进行具体的定义。此后研究根据自己的偏好和研究的结果，提出了不同的对于职场员工关系网络建构行为的概念界定。参考 Wolff 等（2008）的研究文献，本书整理的定义如表 2 - 1 所示。

总体来说，起步阶段的研究都是基于案例的方式进行的，研究设计比较简单，进行变量定义也相对模糊。随着研究的深入，出现了学者侧重于不同的方面对个体的职场员工关系网络建构行为进行的定义，如可见度（Wolff & Moser，

2006)、行为目的（Michael & Yukl，1993）和行为过程（Orpen，1996）。

表 2－1 职场员工关系网络建构行为的定义

序号	研究学者	定义
1	Osberg & Raulin（1989）	是一系列可增强个人专业化可见度的策略。可见度，除了增强技能之外，也在增强个人市场能力方面扮演了重要的角色，同时也极大地促进了个人的职业发展
2	Michael & Yukl（1993）	人为设计的各种行为，用来建立与组织内外成员非正式的人际关系。通常情况下，网络建构会伴随着情感的交换（如喜欢、友谊）、信息、利益和影响
3	Orpen（1996）	管理者的关系网络建构是指建立和维护信息集的过程，协调管理者直接的上司和下属与其他人之间的关系，希望这样的关系将会有助于管理者提升自己的业绩
4	Wanberg，Kanfer & Banas（2000）	个体试图去联络朋友、熟人和介绍人，用于在找工作时获得信息、指导或者建议
5	Witt（2004）	个体创业者试图去建立、维持或者发展个人关系网络的行为
6	Forret & Dougherty（2004）	个人与对自己工作或职业有（潜在）帮助的人试图发展和维持关系的行为
7	Wolff & Moser（2006）	关系网络建构包括在行为上要试图建立和维持非正式的关系，其目的是易化工作相关（潜在）的利益，这种好处是通过双方共享资源和共同最大化双方优势而获得的

从以上定义来看，Forret & Dougherty（2004）等的定义比较清晰而易于理解，他们将正式的关系也包含在关系网络建构的对象中。而 Wolff & Moser（2006）的定义更加具体，同时他们具体化了关系的特点和在关系中获得的好处，但是感觉其表达过于复杂。本书结合 Forret & Dougherty（2004）及 Wolff & Moser（2006）的观点，把职场员工关系网络建构行为（Networking Behavior）定义为：个人与对自己工作或职业有（潜在）帮助的人试图发展和维持非正式关系的行为，其目的是获得职业利益。

（二）职场员工关系网络建构行为的特点

根据以上职场员工关系网络建构行为的定义，并结合已有的文献述评（Wolff et al.，2008；吴静珊、王才康，2010），可总结出职场员工关系网络建构行为主要具有五个方面的特点：

目的性。职场员工关系网络建构行为带有明确的目的性，即希望通过建立关系网络来获取（潜在）职业的发展或提升个人的工作业绩。

非正式性。职场员工关系网络建构行为是个体工作职责要求之外的一种非正式的行为。即使是个体与直接领导或下属的正式关系，只要存在非正式的特点，并且以资源互换与合作性为目的，就认为是网络建构的范畴。

持续性。职场员工关系网络建构行为是个体针对目标个体实施的行为集合，网络建构者会持续性实施一系列相关的行为，而不是一次性完成。

对象选择性。因为个体的职场员工关系网络建构行为具有明确的职业利益导向，相当于对职业发展的一种人际关系的投资，因此其行为对象会选那些有更高“投资回报”的个体，既包括组织中的成员，也包括组织外的成员。

自愿性。作为人际互动行为的一种，个体的网络建构是建立在双方自愿交换的基础之上的。个体行动者希望能够通过非正式的关系互动，获得信任等资源和信息的交换基础，以期将来可以在职业发展方面得到回报。

二、职场员工关系网络建构行为的测量

每个研究领域的发展都很难离开量化的研究过程，个体的职场员工关系网络建构行为研究也不例外。以下归纳和整理了相关的测量工具，如表2-2所示。

表2-2 职场员工关系网络建构行为的测量

序号	研究学者	测量方式	备注说明
1	Luthans等（1985）	最初对于职场中关系网络建构行为的测量，是在访谈过程中观察并评估管理者关系网络建构行为发生的频度	观察法，相对难以量化
2	Michael & Yukl（1993）	量表项目包含个体与公司内外他人（不包括直接上司、下属和同事）的各种互动行为6点量表	分为组织内、外两维度的网络建构测量量表
3	Ostgaard & Birley（1996）	在企业家关系网研究中，开发出一个网络建构的自陈问卷，测量参与网络建构的时间总量	单维度、自陈式测量量表
4	Orpen（1996）	从Yukl & Lepsinger（1990）的管理实践表中选取了15道测量网络建构的题目组成网络建构量表，测量从事社交、发展和维护联系、参加会议及社交聚会的频度	单维度、自陈式测量量表
5	Langford（2000）	用6个项目测量关系网络建构行为。该量表测量个体参加会议、协会、聚会和建立联盟的频度	单维度、自陈式测量量表
6	Wanberg等（2000）	6个项目的网络建构量表，用于测量为了就业成功而与他人建构关系的频度	单维度、自陈式测量量表

续表

序号	研究学者	测量方式	备注说明
7	Forret & Dougherty（2001）	在进一步文献查阅、半结构化访谈、开放式问卷的基础上，总结了 33 种关系网络建构行为，用因素分析探索出 5 个因子，分别为：维持联系、交际、从事专业活动、参加教会或团体活动和提高内部能见度	5 维度、自陈式测量量表
8	Sturges，Guest & Conway 等（2002）	在研究职业自我管理时，7 个项目测量个体为了追求职业提升机会而在组织内部进行网络建构的频度	单维度、自陈式测量量表，该量表是职业自我管理量表的组成部分
9	Thompson（2005）	用 6 个项目的网络建构量表评估个体发展和利用关系产生影响力的程度	单维度、自陈式的测量量表，该量表为政治技能量表的一个维度
10	Wolff & Moser（2006）	除了将行为对象区分为组织内、外成员外，还进一步按行为的过程分为建立、维护和利用关系。将这两个指标交叉组合，网络建构被分为 6 个维度：内部关系建立、内部关系维护、内部关系利用、外部关系建立、外部关系维护和外部关系利用	6 维度、自陈式测量量表

从表 2－2 可以看出，Luthans 等（1985）最初对职场员工关系网络建构行为的测量，主要通过访谈和观察的方式来评估管理者在网络建构方面的行为。作为探索性的研究，这种方法具有非常重要的开拓价值，但是观察法相对难以量化，也很难让后续的研究者使用其研究成果。在此之后，陆续有学者发展了自陈式测量量表，极大地促进了相关领域的发展。自陈式测量量表可以分为单维度和多维度。其中，发展单维度量表的文献主要有 Ostgaard & Birley（1996）、Orpen（1996）、Langford（2000）等，单维度量表简单而直接，然而随着研究的不断深入，个体网络建构本身的内涵也在不断地进行修正和发展，职场员工关系网络建构行为本身也在进行新的分类尝试，单维度量表已经不能满足后续研究的需要。为了更好地探索职场员工关系网络建构行为及其影响效果，开始有学者对职场员工关系网络建构行为进行分类和归纳，并发展出两维度和多维度的测量工具。

其中，比较有代表性的两维度及以上测量量表主要有：

Michael & Yukl（1993）在研究时发现，职场员工关系网络建构行为者的行为对象可以分为组织内和组织外，而组织内和组织外的网络建构的影响因素和影响效果也都存在差异。因此，他们认为有必要将组织内和组织外的对象进行区分。但遗憾的是，他们只是选取了 Yuki & Wall（1990）的管理实践量表部分项目，重新构成了一个两维度的网络建构的自陈式 6 点测量量表。因素分析结果支持了发现组织内和组织外的职场员工关系网络建构行为有显著的区分度。因为其编制过程不够严谨，后续的学者认为其所包含的项目不能全面反映个体的职场员工关系网络建构行为。

Forret & Dougherty（2001）在半结构化的访谈、开放式问卷调研的基础上，归纳总结 33 项个体的职场员工关系网络建构行为，并采用因素分析探索出 5 个因子，分别是维持联系、交际、从事专业活动、参加教会或团体活动和提高内部能见度。此项研究因为基于西方的行为研究，因此如果基于不同文化背景（如在中国的文化背景下，参加教会活动不具有普遍性），很难完全照搬量表进行个体的职场员工关系网络建构的行为研究。

Wolff & Moser（2006）的量表研究则更加细化，他们除了将网络建构区分为组织内和组织外，并进一步将其按过程区分为建立、维护和利用关系。通过将这两个指标交叉组合，个体的职场员工关系网络建构行为分为了六个维度，包括内部关系建立、内部关系维护、内部关系利用、外部关系建立、外部关系维护和外部关系利用。他们的量表同时考虑了组织内、外和关系建构的过程。但是正如后来的学者批评的那样（McCallum，2008），在实施网络建构相关行为时，很难区别行为究竟是在建立、维护还是利用关系。

总而言之，关于职场员工关系网络建构行为的研究，本身也是其内涵和测量不断发展的过程。目前，学术界关于职场员工关系网络建构行为的测量工具还没有得到统一认可的量表。学者们通常会根据自己的研究问题选择使用相对更为合适的测量工具。

三、职场员工关系网络建构行为相关实证研究

从已有的研究来看，个体网络建构的后果主要是围绕职业获益来展开的，而其前因变量个体网络建构受到个体差异、统计学特性和背景因素的影响。已有职场员工关系网络建构行为的实证研究框架如图 2－1 所示。

（一）职场员工关系网络建构行为的前因研究

在职场员工关系网络建构行为的前因研究中，主要可以分为个体差异、人口统计学差异和环境差异（见图 2－1）。

在个体差异方面重要的前因研究主要有职业动机和人格特征相关的研究。职

业相关的动机是个体网络建构的重要预测变量，相关的实证研究主要有个体的职业动机（Treadway，Hochwarter & Kacmar et al.，2005）、职业取向（Wolff & Moser，2006）、政治技能与动机的交互影响（Treadway，Breland & Adams et al.，2010）、政治技能（Forret & Dougherty，2001）。而人格特征相关的研究主要有大五人格（Wolff & Kim，2012）、自尊（Forret & Dougherty，2001）、外向性人格特征（Forret & Dougherty，2001；Wanberg et al.，2000）、主动性人格（Thompson，2005）、主动性人格与职业承诺的交互作用（Neves，Trevisan & João，2013）、态度（Forret & Dougherty，2001；Wanberg et al.，2000）、自我指导（Blickle，Witzki & Schneider，2009）。

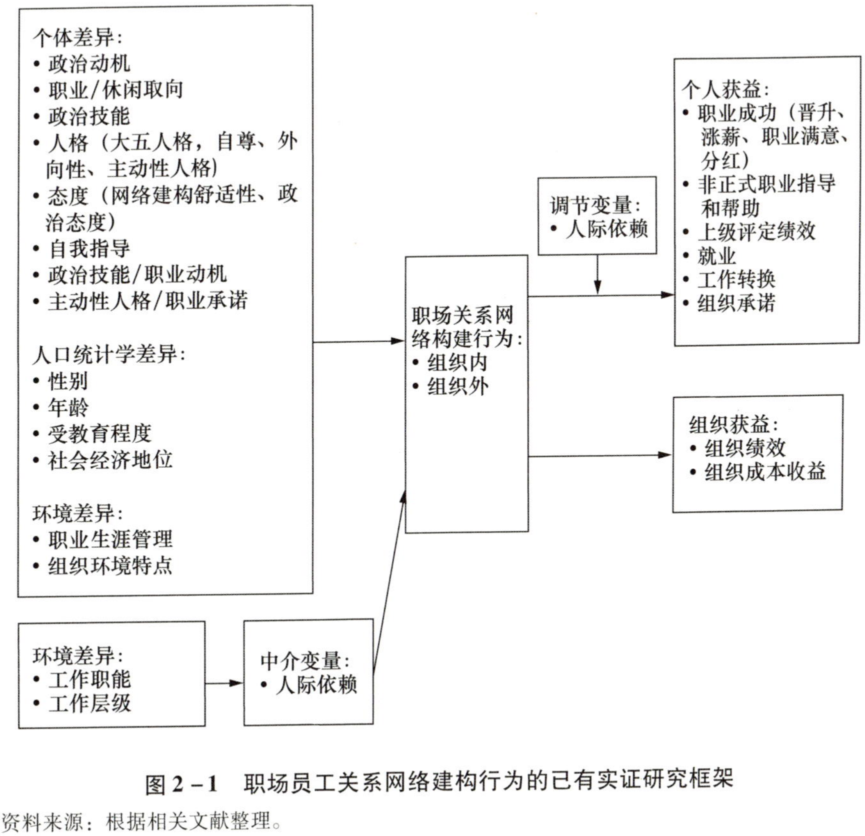

图2-1 职场员工关系网络建构行为的已有实证研究框架

资料来源：根据相关文献整理。

职场员工关系网络建构行为的人口统计学差异的研究也受到了很多学者的关注，相关的实证研究主要发现性别（Forret & Dougherty，2001；Forret & Dougherty，2004；Wolff & Klaus，2009）、年龄（Wolff & Klaus，2009）、受教育程度

（Forret & Dougherty，2001；Sturges，Conway & Guest et al.，2005；Wolff & Moser，2006）、社会经济地位（Forret & Dougherty，2001；Treadway et al.，2010）会对个体的网络建构产生影响。相对而言，人口统计学的相关影响在实证研究中呈现出差异化的研究结论。

作为人际互动行为的一种，职场员工关系网络建构行为的实施受到环境差异的影响也得到了学者的关注。其中主要包括工作职能（如市场经理比生产经理有更高的外部人际依赖）（Orpen，1996）、工作层级（如高层比低层经理有更多的内部人际依赖）（Michael & Yukl，1993；Orpen，1996）、职业生涯管理（Sturges et al.，2002）、情感承诺（Sturges et al.，2002）、组织环境特点（职业前景和职业安全）（Nabi，2003）等。

（二）职场员工关系网络建构行为的后果研究

职场员工的关系网络建构行为可以被看作是个体在社会关系中的一种投资，主要是为了获得更多的职业相关利益。从现有的文献来看，个体实施职场员工关系网络建构行为主要的后果研究表现在个体从中可获得更多的信息、职业帮助、资源等，从而对职业成功、工作绩效、就业等产生积极的影响，也会对组织绩效产生重要的影响。

在个人获益方面，已有研究发现，职场员工关系网络建构行为可以对职业成功（Luthans et al.，1985；McCallum，2008；Orpen，1996；Wolff & Klaus，2009；Yukl，1993）、非正式职业指导和帮助（Wolff & Moser，2006）、上级评定绩效（Thompson，2005）、就业（Wanberg et al.，2000）、工作满意度（McCallum，2008）、组织承诺（McCallum，2008）、工作转换（Wolff & Moser，2010）产生影响。

在对组织影响的层面，相对而言文献较少。其中包括有研究发现高支持性的人力资源网络建构政策会扩大高级管理团队的内外关系网络规模，从而提升组织的绩效（Collins & Clark，2003）。同时，也有学者主要关注了职场企业家的关系网络建构行为，相关研究探讨了企业家关系网络建构行为的组织成本收益（Watson，2007）。此研究结果表明，企业家的关系网络建构行为的密度和规模与企业存活和成长呈倒 U 形关系。

四、文献总结述评

通过对已有文献的梳理，本书从职场员工关系网络建构行为的定义、测量和组织环境中的相关前置因素和结果因素进行了总结。总体来说，职场员工关系网络建构行为的研究已经受到部分学者的关注，并产生了很多有探索价值的成果。但本书认为，还有以下几点需要在研究中重点关注。

第一，缺乏对中介和调节机制的研究。如已有研究发现职场员工的网络建构行为可以获得更多的任务建议、信息和资源等（Wolff & Moser，2006），而任务建议与信息本身是可以预测工作绩效的，而信息和资源的获得更是很多结果变量成熟的前置影响因素，但并没有进行实证研究。这无疑给本书提供了很大的研究空间。另外，本书也认为，不同的员工在不同的组织情境中实施人际行为时会产生差异化的结果，由此推测很可能个体因素和组织情境的相关变量会调节职场员工关系网络建构行为。

第二，目前对于职场员工关系网络建构行为后果的研究多集中于员工的职业成功上，但本书认为，作为主动性的人际互动行为，员工的职场员工关系网络建构行为还可能会有更丰富的影响范围。如职场员工关系网络建构行为会有助于员工获得更多的信息和资源，这是否会因此有助于员工创造力的提升？

第三，职场员工关系网络建构行为本身也是有时间、精力等的投入的，现在研究集中于其正向的影响。但职场员工关系网络建构行为作为有明确个体职业利益导向的主动性行为，是否会有对组织“不好”的一面？组织是否可以干预或者控制相关的不利因素？这些都是值得探讨的问题。

第四，目前尚缺乏中国情境的相关理论与实证研究。人际互动本身是依赖于情景因素的，中国正是有着“关系”文化传统与习俗的国家。相关基于西方组织情境的研究，是否同样会对中国组织中的员工态度和行为有预测作用？

总而言之，从以上分析可以看出，基于职场的员工关系网络建构行为的研究还有许多可以进一步拓展的空间。本书在文献梳理的基础上，试图结合社会资本理论、成就需求动机理论、组织政治理论、特质激发理论和组织认同理论等相关理论，实证研究职场员工关系网络建构行为的影响因素和后果。

第三章　职场员工关系网络构建行为的实证模型构建

已有研究表明，组织内、外的员工关系网络建构行为的实施对象不同（Michael & Yukl，1993）。组织外的员工关系网络建构行为的实施对象主要包括顾客、供应商、相同协会的成员、政府官员、以前的同事、员工组织外的私人朋友等；而组织内的实施对象包括员工的领导、部门内的同事及部门外的同事等。从作用结果来说，对于员工的工作建议、信息获取、解决业务、职业指导等的影响也都是有差异的，通常不能相互替代（Forret & Dougherty，2004；Wolff & Klaus，2009）。基于此，本书参考已有文献，把职场员工关系网络建构行为划分为组织内和组织外两个子维度，并在理论分析的基础上建构了职场员工组织内、外的关系网络建构行为前因及其影响作用的关系模型。具体来说，本书实证部分主要可分为以下三个相互关联的子研究：

第一，职场员工关系网络建构行为的前因研究。子研究一为职场员工关系网络建构行为的前因研究。此研究基于成就需求动机理论、组织政治理论和特质激发理论，研究了个体需求动机、组织政治感知对职场员工关系网络建构行为的影响。同时，根据特质激发理论的观点，个体的行为往往是个体特质和情境因素共同作用的结果（Tett & Guterman，2000）。因此，在探讨个体行为的前置因素时，本书也试图进一步探讨组织政治感知是否调节了需求动机对员工组织内、外关系网络建构行为的影响。

第二，职场员工组织外的关系网络建构行为对离职倾向的影响机制研究。子研究二是职场员工组织外的关系网络建构行为对员工离职倾向的影响机制研究。已有文献表明，职场员工组织外的关系网络建构行为会影响员工更换工作（Wolff & Moser，2010），但仅仅研究变量中的因果关系，而没有追寻其中的形成机制。以社会资本理论和组织认同理论为基础，子研究二试图分析组织外的关系网络建构行为对员工离职倾向的影响，并进一步探讨了工作流动性感知和组织认同在其中所起到的中介作用和调节作用。

第三，职场员工组织内的关系网络建构行为对员工创造力的影响机制研究。子研究三是职场员工组织内的关系网络建构行为对员工创造力的影响机制研究。目前已有研究大多关注关系网络建构行为对员工职业成功的后果影响（Orpen，1996；Wolff & Klaus，2009），但其是否会有更丰富的影响范围？基于社会资本理论和创新理论，子研究三分析了职场员工组织内的关系网络建构行为对员工创造力的影响，并进一步探讨了资源获取和创新内在动机在以上关系中所起到的中介作用和调节作用。

第一节 职场员工关系网络建构行为的前因研究

一、引言

员工主动地实施人际关系行为来助力其职业发展，逐渐受到了学者们的关注。其中，专门研究职场员工人际关系网络行为的构念“职场关系网络建构行为”成为新的研究热点之一。相对于较为丰富的后果研究，关于职场员工关系网络建构行为的前因研究非常有限。已有前因研究多集中于个体的统计学特征（如年龄、性别、教育）、人格（如外向、大五人格）等（Forret & Dougherty，2001；Sturges et al.，2002；Wolff & Moser，2006；Wolff & Klaus，2009），而少有研究关注到个体的需求动机对于实施关系网络建构行为的影响。另外，特质激发理论提出，个体特质（如不同的需求动机）对个体行为的预测力会受到与特质相关的情境因素（如组织政治氛围）的影响（Tett & Guterman，2000）。因此，同时关注个体特质与组织情境因素很可能会有助于对个体实施相关行为（如职场员工关系网络建构行为）的研究。

在前因研究中，将探讨职场员工需求动机与关系网络建构行为的关系，即探究“谁更热衷于职场人际关系行为”。之所以关注员工的需求动机，是因为需求动机是员工最重要，同时也是相对稳定的特质之一，并在很大程度上显著影响个体的态度和行为（McClelland，1971）。与此同时，考虑到职场中员工行为的产生还受到组织情境因素的影响，以特质激发理论为基础，本书将进一步检验员工需求动机与组织政治氛围的交互作用对关系网络建构行为的影响。

二、理论与假设

（一）个体需求动机与职场员工关系网络建构行为

在大量实验的基础上，McClelland（1962）等提出了动机理论（Motivation

Theory)，明确指出了个体在工作中有三种重要的需求动机，分别是成就需求（Need for Achievement）、权力需求（Need for Power）、亲和需求（Need for Affiliation）。按照 McClelland 的定义，首先，成就需求是指个人在工作时与自己所持有的良好或优秀标准相竞争的冲动或欲望，是指个体希望能做得更好的一种需要。一般来说，成就需求高的人具有强烈的事业心和进取心，并富有冒险精神，努力争取成功（McClelland et al.，1976）。具有成就需求的人，通常可以长时间地投入工作，并从工作的完成中得到很大的满足。即使真正出现失败，也不会过分沮丧，他们会理性分析失败并且想办法去克服，因此他们往往更容易获得成功。一般来说，他们也喜欢表现自己（McClelland，1985）。其次，权力需求是指影响或控制他人且不受他人控制的需求（McClelland，1970；McClelland & Burnham，1976）。具有高权力需求特质的人，喜欢竞争性的环境，追求更高的地位和对环境的控制性（Winter，1973）。McClelland 认为，一般大家理解的权力需求都是狭义的，表现为个人在政治上或组织中的权力欲望。但更为广义上的权力需求动机，可以从上级与下级、长辈与晚辈、教师与学生、专业人员与非专业人员等存在不同社会角色和地位的人际互动之间表现出来。一般来说，权力需求动机高的人喜欢具有竞争性和能体现较高地位的场合或情境，他们也会追求出色的业绩，但与高成就需求的人不同，他们更关注获得地位和权力或与自己已具有的权力和地位相称，而不是更多的成就。最后，亲和需求是指个体希望与他人建立友好亲密的人际关系的动机。高亲和需求动机的个体总是试图与他人保持一种和谐友好的关系，他们希望自己能够被他人接受和喜欢。研究表明，个体的工作动机是职场行为的动力来源，指引了个体的工作行为，并决定了行为的方式、方向、强度和持续的时间（Pinder，2008）。

结合 McClelland 的动机理论以及职场员工关系网络建构行为的内涵，本书认为个体的需求动机（包括成就需求动机、权力需求动机和亲和需求动机）是职场员工进行关系网络建构行为的重要前因变量，原因如下：首先，具有高成就需求动机的个体，为了获得更多的工作成功，往往会主动借助于各种力量来实现自己的目标（McClelland，1962；McClelland & Burnham，2003），而建立和维护良好的人际关系网络通常是个体可以有更多机会的条件之一（Lin，1990；费孝通，2012）。特别是在中国的组织情境中，非常看重人际关系，“熟人好办事”是基本的社会交往“潜规则”（黄光国、胡先缙，2010）。因此，本书预测高成就需求动机的个体自然会更倾向于通过组织内、外的职场员工关系网络建构行为，来助力于自己的职业发展。其次，具有高权力需求动机的个体，总是试图掌握和控制更多的资源进而去影响和支配他人，并努力寻找机会来“爬”到更高的管理职位上（Liu，Liu & Wu，2010；McClelland & Burnham，2003）。由于个人权力的获得需要借助更多的信息和资源，而职场员工关系网络建构行为本身是获得信息和资源的重要途径，特别是在中国高权力等级的组织文化中，大家沟通的方式有明显的“差序格局”，信息和资源往往会优先配置给自己的“熟人”（费孝通，2012）。因此，本书预测高权力需求动机的个体自然会更倾向于通过组织内、外的职场员工关系网络建构行为，来获得更多的职场权力。最后，亲和需求动机是指个体对于建立友好亲密人际关系的需要（McClelland et al.，1976）。亲和需求动机高的个体如果处于自己不熟悉的环境之中，会失去工作信心、安全感和控制感（Schachter，1959）。因此本书预测高亲和需求动机的个体会通过组织内、外的职场员工关系网络建构行为，来获得更多的职业安全感和控制感。基于此，本书提出以下假设：

假设1a：成就需求动机对职场员工组织内的关系网络建构行为具有正向的影响；

假设1b：成就需求动机对职场员工组织外的关系网络建构行为具有正向的影响；

假设2a：权力需求动机对职场员工组织内的关系网络建构行为具有正向的影响；

假设2b：权力需求动机对职场员工组织外的关系网络建构行为具有正向的影响；

假设3a：亲和需求动机对职场员工组织内的关系网络建构行为具有正向的影响；

假设3b：亲和需求动机对职场员工组织外的关系网络建构行为具有正向的影响。

（二）组织政治感知与职场员工关系网络建构行为

基于中西方的研究结果表明，组织政治（Organizational Politics）在各种组织中普遍存在（Drory & Romm，1990；马超、凌文辁和时勘，2007）。按照我国学者马超等的研究，“组织政治”可定义为：在潜在动机支配下，为获得和保护个人及相关团体的利益，而对他人或团体施加的影响。他们还进一步指出组织政治行为的两个特点：首先，组织政治行为和日常的工作行为是不同的，相对而言组织政治行为的实施者都具有其潜在动机，并且为了保证能够取得预期效果，这种动机是不能公开的；其次，组织政治通过影响他人达到自己的目的，而不是强制性的（马超等，2006）。

组织政治感知（Perceptions of Organizational Politics）是指个体感知到组织中成员从事政治行为的程度，其中也包含了对这些自利行为的归因（Ferris & Kacmar，1992）。个体对于组织政治的感知通常是各种自利（Self-serving）且不被组织认可的行为（Ferris，Harrell－Cook & Dulebohn，2000）。一个组织中的政治氛围越浓重，则意味着个人越能操纵组织的资源为自己服务，而组织资源配置和决策所遵循的原则不再是基于业务能力或公平等（Ferris，Adams & Kolodinsky et al.，2002）。研究表明，组织政治感知高的员工有明显的消极影响，更容易降低对组织的承诺、组织的满意度、减少组织公民行为等（Ferris et al.，2000；Kacmar & Baron，1999）。需要说明的是，个体对于组织政治的感知并不一定是现实本身（Lewin，Heider & Heider，1936）。也就是说，即使在同样的环境中，不同的人也会有不同的组织政治感知，只是最终都会影响其行为。因此，如果研究组织政治氛围对于个体行为的影响，采用主观的组织政治感知测量是更为合适的，因为个体对于组织政治感知直接影响了个体的行为。

在组织政治氛围浓重的组织中，由于缺乏公开透明的利益分配和权力运行机制，员工会发现仅仅踏实做好本职工作是不够的，要依靠各种非正式的“政治手段”才能确保获得期望的各种利益（如晋升和加薪等）。结合关系网络建构行为的定义，职场员工的关系网络建构行为本身是有很强的自我职业功利导向的（如希望得到更好的职业发展），这也类似于员工可以实施的一种相对温和的非正式“政治手段”。通过建构扎实的人脉关系网（如建立与企业高层或政府要员的关系），很可能获得更多的职业利益，尤其是在讲究“人情关系”的中国社会（黄光国、胡先缙，2010）。因此，当员工感知到深厚的组织政治氛围时，为了保障自己的利益，本书预测员工会投入更多的时间和精力用于实施组织内、外部的职场员工关系网络建构行为。基于此，本书提出以下假设：

假设4a：组织政治感知对职场员工组织内的关系网络建构行为具有正向的影响；

假设4b：组织政治感知对职场员工组织外的关系网络建构行为具有正向的影响。

（三）个体需求动机与组织政治感知的交互作用

特质激发理论（Trait Activation Theory）认为个体特质（Individual Differences）对个体行为的预测力会受到与特质相关的情境因素的影响（Tett & Guterman，2000）。外界情境与个体特质越相关，个体特质就越容易被激发而表现出行为。相反地，如果外界情境与个体特质不相关或者相反，个体特质就会被抑制而不表现出行为。由于特质的表达对个体而言具有内在的激励作用，人们会倾向于去关注和寻找那些与自身特质相关的情境因素（Tett & Burnett，2003）。

以特质激发理论为基础，本书认为组织政治感知会调节员工成就需求动机（Need for Achievement）与职场员工关系网络建构行为之间的关系。因为在组织政治氛围浓重的组织中，组织的利益分配是不完善的，这为员工依靠“政治手段”来获取利益创造了机会（Ferris et al.，2000；Liu et al.，2010）。相对于低成就需求动机的员工，成就需求动机高的员工对成功有着更为执着的追求。因此，当感知到浓厚的组织政治环境时，他们往往会更主动地介入各种非正式的人际互动行为中（如处理好与当权者的关系），以确保自身利益不会受到伤害并最终成功。相反地，在低的组织政治感知中，利益分配是相对公平和透明的，从事一些非正式的活动将很难获得额外的预期潜在收益。因此，当感知到较低的组织政治氛围时，成就需求动机高的员工往往更专注去提升其自身的知识、技能和业绩，而不会依赖于与他人的互动（如职场员工关系网络建构行为）来获得成功。基于此，本书提出以下假设：

假设5a：组织政治氛围会强化成就动机对员工组织内关系网络建构行为的正向影响；

假设5b：组织政治氛围会强化成就动机对员工组织外关系网络建构行为的正向影响。

权力需求动机高的员工对于获取权力具有天然的兴趣（McClelland，1975；McClelland & Burnham，1976）。在高组织政治氛围的组织中，权力运作空间是比较大的，这就为权力需求动机高的员工去设法获取权力创造了条件（Liu et al.，2010）。由于权力的获取往往依赖于良好的人脉关系，因此以特质激发理论为基础，本书预测职场员工关系网络建构行为很可能是权力需求动机高的员工获取权力的重要方式。而在组织政治氛围淡薄的组织中，员工依靠政治手段获取权力的空间是比较小的。因此，尽管权力需求动机高的员工渴望获得权力，但由于权力运作的空间有限，其往往也不会主动去实施职场员工关系网络建构行为。基于此，本书提出以下假设：

假设6a：组织政治氛围会强化权力动机对员工组织内关系网络建构行为的正向影响；

假设6b：组织政治氛围会强化权力动机对员工组织外关系网络建构行为的正向影响。

McClelland在建构最初的成就需求动机理论时，是把成就需求动机、权力需求动机和亲和需求动机作为一个整体而提出的，只是他特别强调了成就需求动机对于工作的重要性。这之后有一系列的实证研究说明亲和需求动机也是个体工作动机很重要的组成部分。如Fagenson（1992）在对师徒关系进行研究时，比较了有师傅的个体和没有师傅的个体三种需求动机的差异；Fodod & Carver（2000）在关于绩效反馈和创新的实证研究中，分析了三种动机的作用。我国学者关于成就需求动机的研究，也表明亲和需求动机是组织中个体工作动机很重要的方面（谭乐、宋合义和毛娜，2008；张醅、贾明，2013）。

高亲和需求动机的人会从与人交往中得到愉悦，对人际关系更为敏感。相对而言，高亲和需求者渴望和谐、喜欢合作，希望彼此沟通与理解，更适应竞争性不强的工作环境（McClelland，1987）。结合已有研究，本书认为组织政治氛围感知可能并不会显著影响亲和需求动机对职场员工关系网络建构行为的影响。这是因为：亲和需求动机高的员工更容易被人际友好和谐的互动关系所驱动，期待大家能和平相处，关注他人的感受。因此，亲和需求动机高的员工实施组织内、外的职场员工关系网络建构行为更有可能是内在对于工作安全感和舒适感的渴求，而并不会受到组织政治氛围的显著影响。基于此，本书提出以下假设：

假设7a：组织政治氛围不会显著影响亲和动机和员工组织内的关系网络建构行为之间的正向关系；

假设7b：组织政治氛围不会显著影响亲和动机和员工组织外的关系网络建构行为之间的正向关系。

前因部分的研究框架如图3－1所示。

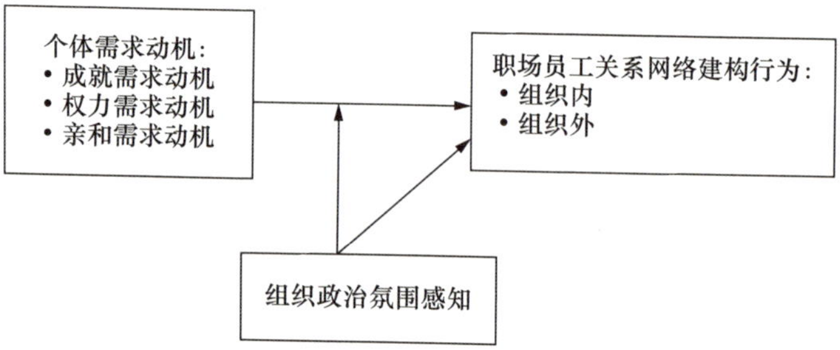

图3－1　职场员工关系网络建构行为的前因研究（子研究一）

第二节　职场员工组织外的关系网络建构行为与员工离职倾向

一、引言

在各国市场化机制的确立和完善的过程中，伴随着职业分配机制的弱化和劳动力配置的双向选择，自我主导的无边界职业管理成为主流（Sullivan & Baruch，2009）。为了更好地应对市场经济下的职业不确定性，员工需要不断结识人脉，获得更多的信息与资源，以适应职业发展的需要（Beaudin，2011）。特别是中国改革开放以来，随着市场经济下劳动力的自由流动，职场中的员工不再会等着组织对其进行安排，而是会表现出更多的主观能动性，其表现之一就是会主动拓展自己的人脉资源，以有助于自身的职业发展。边燕杰等认为，社会网络关系在当前中国社会之所以受到格外的关注，是因为在我国转型经济的背景下，信息不对称的程度很高，企业会借助于社会网络关系获得更多的竞争优势，而个人会借助于关系社会资本提升自己的职业地位和收入或找到更好的工作（Bian & Huang，2009）。

实际上我们也可以看到，无论是个人还是组织，都开始前所未有地意识到社会关系网络对职场中员工的重要性。正如畅销书《人脉》的作者鲍勃·比汀所说："所有成功的人，都视人脉为最宝贵的财富，并且高效地运用了人脉。"这里所说的"人脉"，用学术化的语言来表达，可理解为个人的"社会关系网络"。相关社会关系网络的研究也逐渐受到了社会学、心理学、管理学等领域学术研究者的关注，学者们从不同的视角对社会关系网络展开了一系列的研究。如格兰诺维特提出的"弱关系"理论，伯特等提出的"结构洞"理论。相关的开创性学术成果极大地丰富了我们对于社会网络关系的理论与实证研究。但值得关注的是，目前研究个体社会关系网络的文献多从结构视角进行切入，关注个人已经拥有的社会关系网络产生的影响。然而，从现实中我们可以看到，实际上个体主动性的行为会有效地改善自己的社会关系网络，如参加社团活动、主动结识新同事等。因此，有学者开始从行为的视角出发，关注个体如何去建立、维护和使用关系网络以促进其自身的职业成功。基于西方组织情境的研究发现，有明确职业目的导向的个体关系网络建构行为会有助于个体获得更多的信息与资源，从而显著地促进了员工的职业发展，如提升了工作绩效、促进了职业成功及获得非正式的职业指导和帮助（吴静珊、王才康，2010）。

已有文献对关系网络建构行为的定义和内涵进行了一系列理论和实证研究，但相关的研究仍有待于进一步深入。特别是，作为个体主动性的非正式行为（Wolff，Moser & Grau，2008）。员工实施关系网络建构行为时，自然会考虑自身利益的最大化。目前，已有文献多关注其对于个体职业成功的影响，但少有研究关注其对于组织可能的负面影响。比如，通过关系网络建构行为积累的择业信息和雇佣机会，是否会促使员工另择职业发展平台？虽然员工更换雇主很可能会有助于员工自身的职业发展，但对组织而言，核心员工的离职带来的负面影响是不容忽视的。目前，虽然有研究表明组织外的关系网络建构行为会促进员工转换雇主，但并没有对此进行进一步的理论分析与实证检验（Wolff & Moser，2010）。同时，有文献表明，组织外的关系网络建构行为会降低员工对组织持续承诺和规范承诺（McCallum，2008），此研究学者也从理论上提出这可能会影响员工的留任意愿，但学术界仍然缺乏相关的理论与实证研究。

以社会资本理论和社会认同理论为基础，本书试图探讨员工组织外的关系网络建构行为对离职倾向的影响机制，并实证检验员工感知的工作流动性和员工的组织认同在此关系中所起到的中介作用和调节作用。本书试图解释“为什么”以及“在什么情况下”组织外的关系网络建构行为会促使员工产生离职倾向，并基于研究结果，对组织如何应对提出具体的建议。

二、理论与假设

（一）组织外的关系网络建构行为与离职倾向

离职倾向（Turnover Intention）是指员工在工作过程中感受到不满意所产生的一种规避性行为（Porter & Steers，1973），是离职行为最有效的预测变量（Cotton & Tuttle，1986；Hom，Mitchell & Lee et al.，2012）。关于离职倾向的研究，有一个逐步了解和深入的过程。早期的相关研究主要集中于就业环境、工作相关因素、个体因素等（Carsten & Spector，1987；Cotton & Tuttle，1986）。其中，工作满意度和组织承诺得到了较多的关注，被认为是离职倾向最重要的原因（Tett & Meyer，1993）。而最新的一些研究表明，工作嵌入、组织外发展机会、工作绩效、组织支持感等对离职倾向都有显著的影响（Harris，Harris & Harvey，2008；Mitchell，Holtom & Lee et al.，2001；Zimmerman，2008）。

林南认为，社会资本是从嵌入于社会网络中的资源获得的，这些资源可以通过有目的的行动来获取或动员（Lin，1982）。以社会资本理论为基础，我们认为组织外的关系网络建构行为会正向影响员工的离职倾向，主要基于以下两点原因：首先，有明确职业目的的组织外的关系网络建构行为，形成了员工自己的职场人际关系网络（Wolff & Moser，2006），而这些人际关系网络中包含的各种信息与资源，将有助于员工在职业发展中有更多的选择。如协助员工在申请新职位时，更容易找到与自己匹配的雇佣者（Fernandez，Castilla & Moore，2000），并获得较高的重新就业机会（Wanberg，Kanfer & Banas，2000）等。或者说，员工因组织外的关系网络建构行为带来的信息和雇佣机会，会降低员工预期的失业压力，减少离职的顾虑。因此，当员工因为各种原因萌生离职念头之后，会促进员工离职倾向的形成；甚至于这些信息和雇佣机会本身就导致了员工的离职。其次，从员工的心理角度来说，通过组织外的关系网络建构行为获得的社会资本，在助力于员工获得更多职业竞争力的同时，也降低了员工对于组织的心理依赖感和归属感。当员工在职场中遇到不满意或发生变动时（如与家庭生活产生冲突），更倾向于通过转换组织来满足自己的需求，而不是尽可能在组织中解决或对自我进行调整。已有实证研究也表明，组织外的关系网络建构行为负向预测了员工对于组织的持续承诺和规范承诺（McCallum，2008）。基于此，本书提出假设8。

假设8：组织外的关系网络建构行为正向影响员工的离职倾向。

（二）工作流动性感知的中介作用

工作流动性感知（Perceived Job Mobility）代表了个体对外部工作环境支持程度的评估。具体而言，工作流动性感知是指员工感知的在不同组织间进行流动的容易程度：感觉的工作选择性和市场机会越多，则感知的工作流动性越高（Hui，Law & Chen，1999）。或者说，个体对于工作流动性的感知，本质是对于自身工作情景的感知与评价。虽然少有文献从行为的视角研究组织外的关系网络建构行为对员工工作流动性感知的影响，但已有基于社会网络结构的研究表明，个体拥有的社会关系网络与员工的工作流动有非常显著的联系（Higgins，2001；Lin，1999）。

有明确职业目的导向的组织外的关系网络建构行为，其本质上是期望有所回报的社会关系投资。以社会资本理论为基础，本书认为员工组织外的关系网络建构行为正向影响了对工作流动性的感知。主要原因包括：首先，员工在实施组织外部关系网络建构行为的互动过程中，会获得更多的外部信息和资源支持，员工因此会感知到更多的工作可选择性，以及更多的市场就业机会，即促进了员工的工作流动性感知（Lin，1988）；其次，员工的工作流动性感知，并不等于真实的市场就业现状，而是对外部工作机会的主观自我评估（Hui et al.，1999）。换句话说，员工对于工作流动性的自我感知，相当于对职场自我竞争力的心理评估（Organ & Konovsky，1989）。社会资本理论提出，社会关系会强化个体的自我状态感知，有助于个体确信和认识到自己的价值（Lin，1988）。结合以上所述，本书认为员工组织外的关系网络建构行为会提升员工对于自我价值感的知觉，即促进了员工工作流动性的感知。基于此，本书提出假设9。

假设9：组织外的关系网络建构行为正向影响了员工的工作流动性感知。

Mobley（1997）在早期关于工作满意度与离职的研究中发现，当员工在工作中经历了不满意之后，首先会产生离职的念头，这其后还会经历寻找工作机会、评估比较各种工作机会等，而离职倾向是实际离职行为发生前的最后一个步骤。也就是说，即使员工产生了离职的念头，在经历找工作机会和评估工作机会时没有得到相关的资源支持，也很可能会放弃离职的想法。反之，在员工产生了离职念头的过程中，如果同时发现有很多的外部雇佣机会（感知的工作流动性高），则很可能会促成离职倾向的形成。相关的研究也证明，工作流动性感知会显著预测员工的离职倾向（Sousa - Poza & Henneberger，2004）。结合以上假设8和假设9所预测的关系，我们提出以下关于工作流动性感知的中介效应假设：

假设10：工作流动性感知在员工组织外的关系网络建构行为与离职倾向之间的关系中起着中介的作用；员工组织外的关系网络建构行为会正向影响员工的工作流动性感知，并进而促进员工的离职倾向。

（三）组织认同的调节作用

社会认同理论（Social Identity Theory）提出了两种认同：一种是对于个人的认同（Personal Identification），主要是个体在与他人的关联与比较中获得的认知过程；另一种是社会认同（Social Identification），特指个体在社会范畴或群体关系中获得的认知过程。组织认同（Organizational Identification）作为一种特殊的社会认同形式，特指个体对于组织成员归属感的认知过程（Ashforth & Mael，1989）。20世纪80年代以来，组织认同引起了大量学者的研究兴趣，并随之引发了大量的理论与实证研究。研究表明，组织认同会通过对个体的认知和情感的影响来进一步影响个体的行为和组织的绩效，如组织认同与工作满意度、组织归属感、员工工作动机、员工工作态度、员工工作绩效、组织公民行为等显著相关（Ashforth，Harrison & Corley，2008；Kreiner & Ashforth，2004）。

与低组织认同的员工相比，高组织认同的员工对组织有较高的依附感，更倾向于认为自己是组织中不可分割的一部分（Ashforth & Mael，1989）。同时，研究发现组织认同本身具有“持久性”的特性，所谓“持久性”是指组织成员不管在不在组织内都会保持组织认同，具体表现为组织成员更情愿留在组织中延续组织认同（Gioia，Schultz & Corley，2000）。Gioia等（2000）认为，认同更类似于心理上的社会结构，其为员工设计了独特的“身份识别”，从而促使员工具有与组织保持一致的意愿。高的组织认同体现了员工与组织在价值观上的一致性。因此，高组织认同的员工即使发现和觉察到更多的工作流动性，也相对更倾向于继续留在组织中。而反之，低组织认同的员工本身从内心深处就缺乏对组织的归属感，一旦遇到外部新的雇佣机会，很容易促成其离职倾向的产生。综上所述，本书提出假设11。

假设11：员工的组织认同弱化了员工工作流动性感知对离职倾向的正向关系。

综上所述，本书基于社会资本理论和社会认同理论，实证分析组织外的关系网络建构行为是如何以及为什么会对员工的离职倾向产生影响，并进一步检验员工的组织认同在其中所起到的调节作用。总体研究框架如图3-2所示。

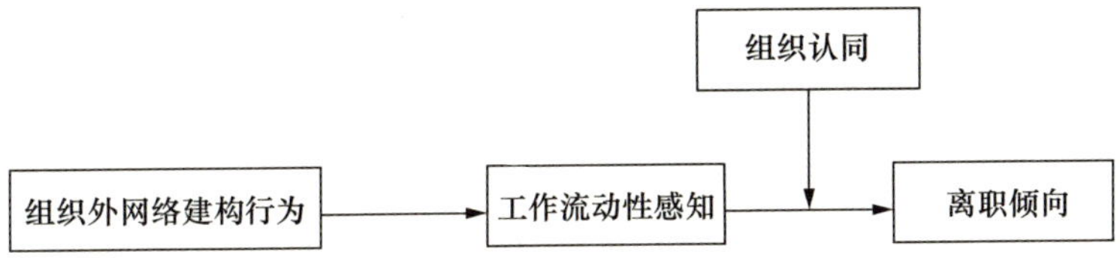

图 3-2　职场员工组织外的关系网络建构行为对员工离职倾向的影响理论模型（子研究二）

第三节　职场员工组织内的关系网络建构行为与员工创造力

一、引言

员工创造力（Employee Creativity）是指员工针对组织的产品、实践、服务、程序等产生的一些新颖、有用的想法（Amabile，1996；Oldham & Cummings，1996；Shalley，1991；Shalley，Zhou & Oldham，2004）。值得注意的是，员工的创造力并不是只针对研发、设计等专业人员，只要区别于原有的想法或事物，并可以为组织带来直接或间接、长期作用或短期作用的行为，都被视为员工创造力的表现（Amabile，1996）。经济全球化的背景下，员工创造力的重要性日益受到重视，关于组织中员工创造力的研究成为近 20 年来组织行为学研究领域的新热点（Zhou & Shalley，2003；Zhou & Shalley，2003；张燕、怀明云、章振等，2011）。鉴于员工的创造力对于生存与发展具有的重要作用（George & Zhou，2002；Oldham & Cummings，1996；Zhang & Bartol，2010；Zhou，1998；赵慧娟，2011），越来越多的研究者开始关注员工创造力产生的原因及其作用机制。

受 Granovetter（1985）所提出的“关系性嵌入”思想的影响，近年来部分学者开始关注创造力的社会属性，特别是以社会网络视角最具代表性（Perry - Smith & Shalley，2003）。相关研究提出个体的创造力本身是在社会互动的过程中发生的，不能只考虑个体的特征属性和组织情景因素（Perry - Smith，2006）。社会资本理论（Social Capital Theory）提出，社会网络的重要功能是信息的流动和社会资源的交换（Burt，2004；Granovetter，1973；Lin，1981），个体在他人的互动过程中形成的联系和交换越多越广，就越有利于寻找到创新所需要的相关信息与技能（Perry - Smith & Shalley，2003）。然而，已有研究多从社会网络的结构视角（如网络联结的数量、强度等）展开（Perry - Smith & Shalley，2003；Tortoriello & Krackhardt, 2010), 较少有文献立足于个体行为的视角(如本书中职场员工组织内的关系网络建构行为)进行相关研究。

基于社会资本理论, 本书试图研究职场员工组织内的关系网络建构行为对员工创造力的影响机制。本书之所以关注职场员工组织内的关系网络建构行为对员工创造力的影响, 主要是因为: 首先, 不同于以往相关研究的网络结构化视角, 个体组织内的关系网络建构行为主要研究个体的行为发生频率, 相对于结构化概念(如员工的网络位置)而言是更为前置性和动态化的研究变量, 这对于了解员工创造力的社会化影响因素是一个全新的视角; 其次, 个体组织内的关系网络建构行为可以说是员工职业管理中的一种主动性行为(Sturges et al., 2002), 其相关探索有助于本书进一步了解员工的主观能动性产生的过程与结果; 最后, 目前还较少有研究从影响员工创造力的社会属性角度来探索相关的中介机制和调节机制, 本书的研究结果将为现有理论和实证研究提供更多的依据。

在现有文献研究的基础上, 本书结合社会资本理论以企业 60 个团队中的 234 名员工为研究对象, 实证研究职场员工组织内的关系网络建构行为对员工创造力的影响。为了深入探讨其作用机制, 本书还引入资源获取和创新内在动机作为中介变量和调节变量, 采用多层线型模型(HLM)来检验职场员工组织内的关系网络建构行为、资源获取创新内在动机和员工创造力之间的关系, 并进一步验证了资源获取的有调节的中介效应。

二、理论与假设

(一) 职场员工组织内的关系网络建构行为与员工创造力

按照本书之前的定义, 职场员工组织内的关系网络建构行为(Networking Behaviors)是指员工在组织内针对那些能够给自己带来工作或职业利益(或潜在利益)的人实施的发展和维系关系的行为, 其目的是获得更多的职业利益(Forret & Dougherty, 2001; Wolff & Moser, 2006)。同时需要说明的是, 职场员工关系网络建构行为的实施对象既包括组织中的成员, 也包括组织外的成员(Michael & Yukl, 1993; Wolff et al., 2008)。在本书中, 主要关注个体员工对组织中成员实施的关系网络建构行为, 即组织内的关系网络建构行为。

Perry - Smith & Shalley (2003) 在理论上提出, 员工创造力本身是个体社会化过程的一部分, 组织中员工创造力的提升依赖于与他人的互动与交流。结合社会资本理论, 本书认为职场员工组织内的关系网络建构行为会对员工创造力起到正向的促进作用。首先, 借助于职场员工组织内的关系网络建构行为带来的良好人际网络关系, 员工会感知到有更多的资源可以作为支持和后盾, 当在创新过程中遇到困难和挫折时, 更容易从心理上倾向于去探索和解决问题而不是放弃, 从而表现出高水平的创造力。其次，创造性活动所需要的信息和技能很可能超出员工的能力和资源范畴，因此创新过程中员工往往需要借助于他人的支持。职场员工组织内的关系网络建构行为会有助于员工加强与同事和领导之间的相互了解，当需要解决新的问题或需要获得更多的信息时，一方面，员工会知道去找谁进行进一步的交流（如知道谁可能会对这个问题更加了解或是这方面的专家），进而获得更全面的、异质性的知识与信息；另一方面，这些被求助的对象（如员工的同事或领导）也会基于前期相互良好的互动往来基础而更愿意提供相关的协助。相关研究也表明，职场员工组织内的关系网络建构行为有助于员工获得更多的建议、指导和帮助，带来更多的资源与信息（Wolff & Moser，2006）。基于以上论述，本书提出以下假设：

假设 12：职场员工组织内的关系网络建构行为对员工创造力具有正向的影响。

（二）资源获取的中介作用

资源获取（Access to Resources）是指个体在解决问题时能够借助于某些特殊工具（统称为资源，如资金、原材料、空间和时间等）的可能性（Kanter，1986；Spreitzer，1996）。这些资源将有助于易化（Easier）个体解决当下的问题。而如果缺乏相关的资源支持，将会导致个体的无助感和依赖性（Homans，1958）。实证研究表明，资源获取会增强个体的自我效能感以及对于外部环境不确定性的控制感（Bowen & Lawler，1994；Gist & Mitchell，1992），有助于个体获得更高的薪酬，提升个体的职业满意度，并会促进个体的职业发展（Seibert，Kraimer & Liden，2001；Spreitzer，1996）。

基于社会资本理论，本书认为职场员工组织内的关系网络建构行为将会促进员工的资源获取：根据社会资本理论的观点，处于组织内不同层级和岗位的员工掌握的资源存在一定的差异性（Lin，1990；Lin，Ensel & Vaughn，1981）。因此，当需要借助于并不属于自己控制的资源来解决问题时，日常的职场员工组织内的关系网络建构行为积累的良好人际网络关系无疑将会为员工奠定良好的人际网络基础（郭毅、罗家德，2007）。林南（1981）认为，员工所联结的社会关系可以被组织或互动对象确认为个人的社会信用证明（Social Credentials），特别是当员工在组织中有一些特殊的“背景”或“后台”时，会有助于调用到超越个人自身资本之外的额外资源。相关的实证研究也表明，社会关系网络会有助于员工获得信任和可靠感，并进而促进资源的组合和交换（Tsai & Ghoshal，1998）。

社会资本理论提出，个体借助于其社会网络和所在群体中的联系获得了社会资源。著名社会资本研究学者林南（1981）还明确指出，由于社会联系的延伸性和多样性，个人有不同的社会资源，并因此影响了个体的行为效果。本书推测资源获取将有助于员工创造力的提升，这是因为：一方面，有效的资源获取客观上支持了员工的创新。创造性活动往往伴随着大量的不确定性和风险，当员工有充足的资源支持，在解决实际问题时更容易借助于资源来克服困难，达成目标。研究也表明，多样化的资源输入和结合有助于员工的创新（Kanter，1988）。更进一步，Tsai 和 Ghoshal 的研究证明，如果可以有效地配置资源，如输入更多的新资源或把现在的资源进行重新的结合，都有可能促进员工创新能力的提升（Tsai & Ghoshal，1998）。另一方面，资源获取也从心理上对员工的创造力有正向的影响。员工的创造力行为本身也依赖于对于完成工作任务具有高度的信心和勇气，人们总是更倾向于去做那些自己更有把握的事情（Conger & Kanungo，1988）。当员工感知较高的资源获取能力时，会激发出员工更多的尝试新方法、寻找新思路的动力。实证研究也证明，异质化的资源是员工产生新颖想法的源泉（Ghoshal & Moran，1996）。

在以上论述中，本书认为职场员工组织内的关系网络建构行为会正向促进员工的资源获取，而资源获取则对员工的创造力产生正向的影响。以社会资本理论为基础，本书进一步推论：职场员工组织内的关系网络建构行为对员工创造力的影响可能是通过资源获取的中介作用而实现的。基于此，本书提出以下假设：

假设 13：资源获取在职场员工组织内的关系网络建构行为与员工创造力之间的关系中起着中介作用。

（三）创新内在动机的调节作用

创新内在动机（Intrinsic Motivation）是指因为个体感知到创新本身具有挑战性、趣味性等从而使个体产生的创新欲望（Amabile，Hill & Hennessey et al.，1994；Ryan & Deci，2000）。相对于外在动机，创新内在动机更关注于创新本身，而不是报酬、他人的承认等创新活动之外的内容。相关研究表明，具有高创新内在动机的个体，倾向于表现出灵活性和坚持不懈的特征。因此，相对于低创新内在动机的个体，他们会更倾向于主动地去寻找更适合的解决问题的方法和途径，并倾向于使用非传统的方法，并且也更加善于坚持。研究表明，内在动机是个体提升创造性行为最重要的因素之一（Amabile，1996）。

本书认为，资源获取对于员工创造力的影响很可能受到自身创新内在动机的影响。这是因为：高创新内在动机的个体在获得了资源之后，会更愿意主动地把相关资源用于解决创新中的问题，从而促进了个体创新力的提升；而低创新内在动机的个体即使获得了资源，也缺乏使用相关资源用于创新的热情和动力。因此，相对于低创新内在动机的个体而言，高创新内在动机的个体会更倾向于充分利用所获得的资源来提升创新能力。基于此，本书提出以下假设：

假设14：创新内在动机会促进资源获取与员工创造力之间的正向关系，员工的创新内在动机越高，越会增强资源获取对员工创造力的影响。

在上述论述中，本书假定：①资源获取在职场员工组织内的关系网络建构行为与员工创造力之间的关系中起着中介作用；②创新内在动机会促进资源获取与员工创造力之间的正向关系（调节第二阶段的影响），员工的创新内在动机越高，越会增强资源获取对员工创造力的影响。根据这些假设，本书进一步推论，员工的创新内在动机越高，职场员工组织内的关系网络建构行为通过资源获取进而影响员工创造力的正向作用（间接效应，第一阶段影响系数和第二阶段影响系数的乘积）越强。也就是说，资源获取的中介作用受到创新内在动机的调节，是一个有调节的中介效应。基于此，本书提出以下假设：

假设15：员工的创新内在动机越高，资源获取在职场员工组织内的关系网络建构行为与员工创造力之间所起的中介效应就越强。

子研究三的总体研究框架如图3－3所示。

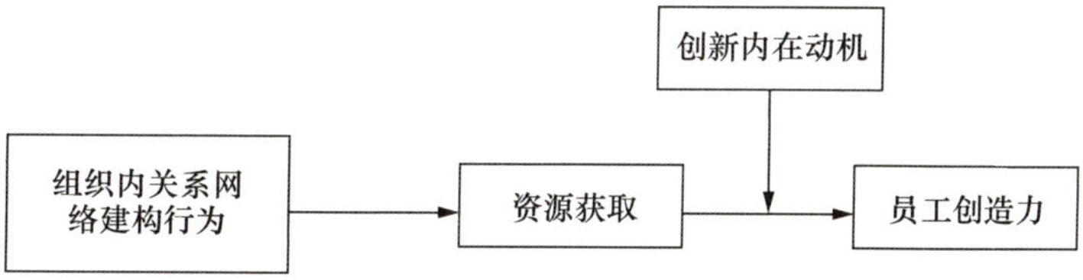

图3－3　职场员工组织内的关系网络建构行为对员工创造力的影响理论模型（子研究三）

第四节　总体概念模型

本书参照已有研究，首先把职场员工关系网络建构行为划分为组织内和组织外两个子维度，构建了职场员工关系网络建构行为前因及其影响作用的关系模型。具体来说，本书的实证研究部分主要可以分为三个相互关联的子研究。

一、职场员工关系网络建构行为的前因研究

子研究一是职场员工关系网络建构行为的前因研究。子研究一基于成就需求动机理论、组织政治理论和特质激发理论，研究了个体需求动机、组织政治氛围对职场员工关系网络建构行为的影响，并基于进一步对个体需求动机和组织政治

氛围的交互作用进行了探讨。子研究一共提出了 14 条原假设。

二、职场员工组织外的关系网络建构行为对员工离职倾向的影响

子研究二探讨了职场员工组织外的关系网络建构行为对员工离职倾向的影响机制。此研究基于社会资本理论和组织认同理论，研究了组织外的职场员工关系网络建构行为对员工离职倾向的影响，并进一步探讨了工作流动性感知的中介作用和组织认同的调节作用。子研究二共提出了 4 条原假设。

三、职场员工组织内的关系网络建构行为对员工创造力的影响

子研究三探讨了职场员工组织内的关系网络建构行为对员工创造力的影响机制。此研究基于社会资本理论和创新理论，研究了组织内的职场员工关系网络建构行为对员工创造力的影响，并进一步探讨了资源获取的中介作用和创新内在动机的调节作用。子研究三共提出了 4 条原假设。

本书的总体概念模型如图 3－4 所示。

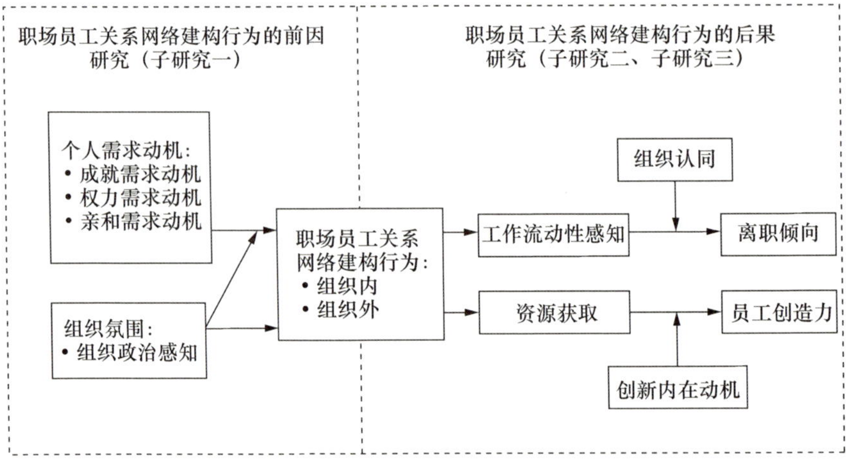

图 3－4　总体研究框架

第四章　职场员工关系网络构建行为的研究设计

第一节　研究样本

一、样本 1

数据采集于国内某高校的 MBA 学院，调研对象是 2011 级和 2012 级的 MBA 学生，这些学生基本上（95%以上）是在职攻读 MBA 学位，通过周六、周日或者每年集中时间授课的方式完成学业。本书采用 MBA 学生为样本主要有两方面的考虑：①数据的可得性。由于是笔者的母校，调研过程中得到了老师的大力支持，可提前预约每次调研的时间和调研的人数。②研究内容的特殊性。其一，本书以敏感的个人离职倾向为主要的研究变量，如果是在企业内进行调研，员工在回答问卷时必然有顾虑，很难汇报真实的想法；其二，在职 MBA 学生中，有绝大部分学生是带着扩展人脉的想法选择了 MBA 学习，事实也证明在 MBA 学习过程中结下的同学之谊，促进了其个人的职业发展，或带来了全新的职业发展机遇。从这个意义上来讲，MBA 学习的本身也可以说是一种社会人际网络行为，这其实较好地吻合了本书的主题。

调研之前，笔者先和各班班主任一同随机挑选了 350 名调研对象，由笔者对这些学生进行编号，然后在学生们上课的间隙发放和回收问卷。调研的内容包括学生的个人背景信息、职场员工组织外的关系网络建构行为、工作流动性感知、组织认同及离职倾向。问卷填完后，填答者都需将问卷当场交给笔者，或交由班主任集中回收后统一交给笔者。

本次共发出 350 份问卷，回收了 281 份有效问卷，回收率为 80.3%。剔除了 36 份存在缺失值和没有通过测谎题项测试的问卷，最后的总体样本有 245 份。其中，男性占 49%，平均年龄为 31 岁（标准差 =3.67），平均组织年资为 5.72 年

（标准差 =3.80），26.9% 为未婚。从组织层级来看，53.9% 是基层员工，25.3% 是基层经理，15.9% 是中层经理，4.5% 是高层经理，还有 1 位是企业的总经理。

二、样本 2

数据采集于国内一家大型上市公司，数据收集得到公司领导的支持及相关行政人员的配合。调研之前，笔者先和行政人员一同随机挑选了 68 个团队中的 365 名目标员工及其对应的 68 名主管，每位主管对应 3 ~6 名直接下属。为尽量减少同源偏差（Common Method Variance），本次研究先后进行了 3 次问卷调研：第 1 次的调研对象是员工（T1），内容主要包括员工的个人背景信息、职场员工关系网络建构行为；第 2 次的调研对象仍是员工（T2，与第 1 次调研相隔 1 个月），调研的内容主要是资源获取与创新内在动机；第 3 次调查针对主管（T3，与第 2 次调研相隔 1 个月），调研的内容是主管评价的员工创造力。问卷填完后，填答者将问卷封入信封密封，并由问卷填写者直接将问卷交给笔者或由该公司的行政人员集中回收后统一交给笔者。

在第 1 次调研中，本次研究共发出 363 份员工问卷，回收了来自 321 名员工完整填写的问卷。在第 2 次调研中，本次研究对参与第 1 次调研的 321 名员工再次发放了问卷，共回收 282 份有效问卷。在第 3 次调研中，对参与了前两次调研的 282 名员工的直接主管（66 名）发放了问卷，共回收对员工评价的样本 256 份。剔除无效配对问卷及填写不认真的问卷（如存在大量缺失值）之后，最后得到有效样本为 234 名员工及其对应的 60 名主管，员工及主管的有效反馈率分别为 64.5% 和 88.2%。

在员工的样本结构方面，男性占 75%，平均年龄为 34.23 岁（标准差 =7.47），平均工作年资为 10.28 年（标准差 =7.21）；其中，82.9% 的员工为基层员工，8.1% 的员工为基层管理者（如班组长），9% 的员工为中层管理者。主管样本中，男性占 85%，平均年龄为 39.3 岁（标准差 =5.46），平均工作年资为 16.12 年（标准差 =7.02）；其中，61.7% 的员工为基层管理者（如班组长），38.3% 的员工为中层管理者。

第二节　变量测量及信度分析

一、子研究一的变量测量及信度分析

为了保证测量工具的信度与效度，本书采用了成熟的量表。考虑到中国人的

中庸文化倾向，此研究中所有的量表都采用了李克特6点计分法。职场员工组织内、外的关系网络建构行为的测量，要求被调查者按照对每项表述的发生频率从“1=基本没有”到“6=总是”中做出选择；成就需求动机、权力需求动机、亲和需求动机和组织政治感知的测量要求被调查者按照每项表述的同意程度从“1=非常不同意”到“6=非常同意”中做出选择。

1. 职场员工关系网络建构行为

采用Wolff & Moser 44个题项的量表（Wolff & Moser，2006）。此量表按照过程指标，将职场员工组织内、外关系网络建构行为各分为三个维度，分别是组织内部关系建立、组织内部关系维护和组织内部关系利用、组织外部关系建立、组织外部关系维护和组织外部关系利用。

组织内部关系建立（Building Internal Contacts）共有7个题项，示例问题如“如果恰好遇到我不认识的单位同事，我会主动与他/她建立联络关系”；组织内部关系维护（Maintaining Internal Contacts）共有7个题项，示例问题如“当有一些事情涉及其他部门的同事，我会简短打电话（或短信等方式）告诉他/她”；组织内部关系利用（Using Internal Contacts）共有8个题项，示例问题如“通过我与单位同事的关系，我可以获得一些非公开的业务建议”。

组织外部关系建立（Building External Contacts）共有7个题项，示例问题如“参加专业协会（或组织）的会议”；组织外部关系维护（Maintaining External Contacts）共有7个题项，示例问题如“通过单位外的私人交情，获得了对工作的建议”；组织外部关系利用（Using External Contacts）共有8个题项，示例问题如“当我不能解决工作中的问题时，我会向单位之外的熟人请教”。

实证研究结果表明此量表的结构符合研究假设，信效度达到测量要求（Wolff & Klaus，2009）。考虑到本书更关心组织外的职场员工关系网络建构行为带来的影响（而不关注职场员工关系网络建构行为的过程），参照已有研究（McCallum，2008），本书分别对此量表中组织内、外的三个维度进行了合并处理。组织内的职场员工关系网络建构行为在本书中的信度系数（Cronbach's Alpha）为0.867，职场员工组织外的关系网络建构行为在本书中的信度系数（Cronbach's Alpha）为0.926，这表明该量表具有良好的信度。

2. 成就需求动机

采用Liu等的4个题项的量表（Liu et al.，2010），示例问题如“我从完成艰巨的工作中获得满足感”。该量表在本书中的信度系数（Cronbach's Alpha）为0.757，大于管理学常用的0.70，这表明该量表的信度达到测量要求。

3. 权力需求动机

采用Liu等的4个题项的量表（Liu et al.，2010），示例问题如“我愿意领导和掌控别人/他人”。该量表在本书中的信度系数（Cronbach's Alpha）为0.741，这表明该量表具有良好的信度。

4. 亲和需求动机

采用Armeli等6个题项的量表（Armeli，Eisenberger & Fasolo et al.，1998），示例问题如“能够亲近别人，是我感觉最有成就感的事情”。该量表在本书中的信度系数（Cronbach's Alpha）为0.818，这表明该量表具有良好的信度。

5. 组织政治感知

采用国内学者马超16个题项的量表（马超等，2006）。此量表基于我国的组织情景进行了科学量表开发，研究发现组织政治感知是一个三维结构概念，结合各因素项目所表达的含义，分别将之命名为自利行为、薪酬与晋升和同事关系。①其中“自利行为”有7个题项，代表员工对于组织中钻营行为的感知。“自利行为”维度上得分越高，说明员工越倾向于认为组织中存在越高的政治性自利行为。示例问题如“通常是得宠的人而不是有才能的人能够出人头地”。②“薪酬与晋升”有5个题项，代表员工对于组织内薪酬与晋升有关的政策制定及执行方面是否公平合理、是否具有政治性的感知。“薪酬与晋升”的5个题项全部是反向计分，分值越高，说明员工认为组织内的薪酬与晋升的政治性越强。示例问题如“努力工作的员工能够得到回报”。③“同事关系”有4个题项，代表员工对于组织内的同事关系是否具有政治性的认知评价。这一维度得分越高，说明员工对同事关系具有政治性的认知越强。示例问题如“当有好处时，同事才会伸出援助之手”。

该量表3个维度在本书中各自信度系数（Cronbach's Alpha）都达到了管理学要求的信度测量标准。分别为：“自利行为”的信度系数为0.909；“薪酬与晋升”的信度系数为0.963；“同事关系”的信度系数为0.954。此变量总体的信度系数为0.973。这表明该量表各维度及总体的构念都具有良好的信度。

特别说明，此量表3个维度中，“薪酬与晋升”是反向计分，因此，在进行数据分析之前，本书首先对此维度中的5个题项进行了数据转换处理。具体做法是：把“1”转换为“6”、“2”转换为“5”、“3”转换为“4”、“4”转换为“3”、“5”转换为“2”、“6”转换为“1”。

6. 控制变量

以往的研究表明，个体的背景变量，如年龄、性别、婚姻、受教育程度、组织层级、工作部门等会影响员工的组织内、外职场员工关系网络建构行为（Forret & Dougherty，2004；Michael & Yukl，1993；Treadway，Breland & Adams et al.，2010；Wolff et al.，2008）。由于本书样本全部采集于在职MBA学生，因此忽略了教育程度的控制；另外，由于组织内、外的职场员工关系网络建构行为需要个人投入更多的时间和精力，而是否有孩子很可能会影响员工的时间分配，因此本书也把是否有孩子作为控制变量。最后，本书控制了年龄、性别、婚姻、工作部门、组织年资、组织层级和是否有孩子这7个因素的变量。

二、子研究二的变量测量及信度分析

子研究二的样本与子研究一的样本采用了同一个数据库，所有的量表都采用了李克特6点计分法。职场员工组织外的关系网络建构行为的测量要求被调查者按照对每项表述的发生频率从“1=基本没有”到“6=总是”中做出选择；工作流动性感知、组织认同和离职倾向的测量要求被调查者按照每项表述的同意程度从“1=非常不同意”到“6=非常同意”中做出选择。

1. 职场员工组织外的关系网络建构行为

同子研究一中对“职场员工组织外的关系网络建构行为”测量。此研究同样采用Wolff & Moser（2006）22个题项的量表，并对此量表的3个维度进行了合并处理。该量表在本书中的信度系数为0.926，这表明该量表具有良好的信度。

2. 工作流动性感知

采用Tepper（2000）2个题项的量表，示例问题如“如果辞去工作，再找到另一份满意的工作不成问题”。该量表在本书中的信度系数为0.783，大于管理学常用的0.70，这表明该量表的信度达到测量要求。

3. 组织认同

采用Smidts等（2001）5个题项的量表，示例问题如“我对目前工作的单位有强烈的归属感”。该量表在本书中的信度系数为0.881，这表明该量表具有良好的信度。

4. 离职倾向

采用Konovsky & Cropanzano（1991）3个题项的量表，示例问题如“我经常想要辞去目前的工作”。该量表在本书中的信度系数为0.871，这表明该量表具有良好的信度。

5. 控制变量

以往的研究表明，个体的背景变量，如年龄、性别、婚姻等会影响员工的组织认同和离职倾向（Podsakoff，LePine & LePine，2007；Smidts et al.，2001），因此本书将沿用以往研究的做法，将以上变量作为控制变量处理。

三、子研究三的变量测量及信度分析

本书为确保测量工具的效度及信度，尽量采用现有文献已使用过的量表，再根据本书的目的加以适当修改作为收集实证资料的工具。对于核心概念职场员工组织内的关系网络建构行为、资源获取、创新内在动机及员工创造力的学术定义及测量，主要参考使用国内外已发表的学术论文量表。在问卷正式调查之前，先对调查企业的部分员工进行了问卷的预调查，以评估问卷设计、题项表达及翻译的恰当性，并根据预试者提供的意见对问卷进行了修订。

1. 职场员工组织内的关系网络建构行为

结合 Michael & Yukl（1993）和 Forret & Dougherty（2004）的研究，本书采用了 11 个题项的量表来测量职场员工组织内的关系网络建构行为。此研究采用了与子研究一不同的量表，主要的原因有三点：①在样本 1 中，此研究同时调研了 Wolff & Moser（2006）关于职场员工组织内的关系网络建构行为测量的 22 个题项量表及此 11 个题项的量表，从相关系数的结果来看，两者的相关系数达到 0.78（超过 0.7）。因此从统计上来看，量表本身对于"职场员工组织内的关系网络建构行为"是没有显著差异的。②子研究三在企业中进行调研采样，如果题项太多（Wolff & Moser 的量表为 22 个题项），很可能占用太多时间影响员工的正常工作；而员工如果匆忙填写，则会影响到量表本身的有效性。③子研究三把职场员工组织内的关系网络建构行为当作一个整体，研究其对于员工创造力影响的机制，而并不关注其行为的过程。因此，本书认为相对 Wolff & Moser（2006）的量表分为建立、维护和利用三个维度，使用简洁的单维度量表更加适合子研究三的问题研究。

此量表的示例问题有"帮助其他部门的员工解决问题"等。量表基于李克特 5 点评分法进行评价（1 = 从来不；2 = 很少；3 = 有时；4 = 频繁；5 = 非常频繁），在本书中的信度系数为 0.84（大于管理学研究中常用的标准 0.70），这表明量表具有良好的信度。

2. 资源获取

采用 Spreitzer（1996）3 个题项的量表来测量员工的资源获取，由员工提供评价。示例问题如"我能够获得所需的资源去支持我的新想法"等。此量表基于李克特 5 点评分法进行评价（1 = 非常不同意，5 = 非常同意），在本书中的信度系数为 0.83。

3. 创新内在动机

采用 Zhang & Bartol（2010）3 个题项的量表来测量员工的创新内在动机，由主管提供评价。示例问题如"我乐于提出产品的创新方案"。此量表基于李克特 5 点评分法进行评价（1 = 非常不同意，5 = 非常同意），在本书中的信度系数为 0.78。

4. 员工创造力

采用 Zhou & George（2001）13 个题项的量表，由主管提供评价。示例问题如“该员工提出提高产品/服务质量的新方法”。此量表基于李克特5点评分法进行评价（1 = 非常不同意，5 = 非常同意），在本书中的信度系数为0.94。

5. 控制变量

相关研究表明，员工的背景变量（年龄、性别、年资、部门、受教育程度及组织层级）也会影响员工的创造力（Gong，Cheung & Wang et al.，2012；Tierney & Farmer，2002；Zhou & George，2001）。因此，本书也将员工的背景变量（年龄、性别、年资和受教育程度）作为控制变量处理。同时，由于本书中的工作绩效是一名主管评价3～6名员工，为了保证假设检验的准确性（Raudenbush，2002），本书也同时控制了主管的相关背景变量（年龄、性别、年资、部门、受教育程度及组织层级）。

第三节　数据分析方法及程序

一、子研究一和子研究二的数据分析方法及程序

子研究一和子研究二采用了同一个数据库，因此在此一并进行具体的数据分析方法及程序描述。子研究一和子研究二的数据样本是截面数据（Cross-sectional Data），所有变量的测表均来自在国内外期刊上发表的量表，由MBA学生（在职）一次完成评估，当场回收。考虑到数据的特点和研究的问题，此部分采用的主要数据分析方法包括数据质量检验的信度分析、验证性因子分析、共同方法偏差检验、描述性统计分析和假设检验五个部分，以下分别进行描述：

（一）信度分析

信度分析（Reliability）是对于测量一致性和可靠性的分析，通俗来讲就是对于相同的测量对象，采用同样的测量方法而得到相同观测数据的可能性的高低。信度可以分为稳定性、等值性和内部一致性等多种类型。其中，内部一致性主要测量了变量各个测项内部测项之间的关系，检验变量的每个测项是否测量了相同的事物或者特征。对于信度的内部一致性测量，主要使用SPSS18.0进行可靠性分析，通常采用Cronbach's α作为检验指标，其值越高代表内部的一致性越好。在管理学中，通常要求Cronbach's α要大于0.7。

（二）验证性因子分析

验证性因子分析（Confirmatory Factor Analyses，CFA）用来测试主要研究变

量之间的构念区分性是否是最优。本书采用统计软件 AMOS17.0 对主要变量“职场员工组织内、外的关系网络建构行为”“成就需求动机”“权力需求动机”和“亲和需求动机”进行了验证性因子分析，对比不同因子模型之间的差异性。

（三）共同方法偏差检验

为了降低共同方法偏差带来的系统误差，本书在调研过程中进行了一定的控制，如所有的问卷采用匿名、尽可能减小被试对测量目的的猜度、被试相互独立进行评价等。然而限于样本是同源、同时点的局限，本书采用 Harman 单因子检验法（周浩、龙立荣，2004）。

（四）描述性统计分析

描述性统计分析主要包含样本基本数据的描述、各变量的均值与标准差及主要变量之间的相关系数分析等。在子研究一和子研究二中，本书使用 SPSS18.0 对各变量进行相关的描述性统计分析。

（五）假设检验

考虑到子研究一中除了需要检验个体需求动机对职场员工组织内、外的关系网络建构行为的分析之外，还需要进一步检验组织政治感知对个体需求动机影响职场员工组织内、外的关系网络建构行为的调节作用，本书选择多元回归分析（Multiple Regression Analysis）的方法对假设进行检验。

二、子研究三的数据分析方法及程序

子研究三数据样本采集于国内一家大型上市公司，目标样本为 68 个团队中的 365 名目标员工及其对应的 68 名主管，每位主管对应评价 3～6 名直接下属。为尽量减少同源偏差，本书先后进行了 3 次问卷调研，每次间隔 1 个月，最后得到有效样本为 234 名员工及其配对的 60 名主管。考虑到数据的特点和研究的问题，此部分采用的主要数据分析方法包括嵌套效应分析、验证性因子分析、描述性统计分析、多层线型模型假设检验和有调节的中介检验五个部分，以下分别进行描述。

（一）嵌套效应分析

由于样本为每个领导评价 3～6 名员工，这可能会产生嵌套效应（Nested Effect）的产生。因此本书首先使用 ANOVAS（Analysis of Variance，方差分析）对结果变量员工创造力进行检验，每个组代表一个主管。

（二）验证性因子分析

为了检验关键变量职场员工关系网络建构行为、资源获取、创新内在动机和员工创造力之间的区分效度以及各个测量量表的相应测量参数，本书采用统计软件 AMOS17.0 对关键变量进行验证性因素分析。

（三）描述性统计分析

与研究一和研究二相同，研究三也使用 SPSS18.0 对各变量进行相关的描述性统计分析。主要包含样本基本数据的描述、各变量的均值与标准差及主要变量之间的相关系数分析等。

（四）多层线型模型假设检验

此研究使用多层线型模型（Hierarchical Linear Modeling，HLM）来进行跨层级数据的分析。根据 Bryk & Raudenbush（1992）的研究，跨层级的数据会存在嵌套结构（Nested Structure），比如多名员工嵌套在同一个集群（如同一个团队或公司）之中，如果遗漏同一集群的情境变量（Contextual Variable），则会导致估计的误差项方差被高估，从而导致假设检验产生偏误。

具体在多层线型模型软件（HLM6.02）的操作中，先以第一层级的变量建立回归方程，再把该方程中的截距和斜率作为因变量，使用第二层数据中的变量作为自变量再建立新的方程（Bryk，Raudenbush & Cheong et al.，2000）。通过这种处理，可以探索不同层面的变量对因变量的影响，不会遗漏重要的情境变量的影响（如本样本中的同一位主管同时评价多名员工这个因素），从而保证了假设检验的结论更加准确（Hofmann & Gavin，1998）。在本书中，主要变量职场员工组织内的关系网络建构行为、资源获取、创新内在动机及员工创造力是在第一层级，而主管的背景变量（年龄、性别、年资、部门、受教育程度及组织层级）在第二层级。

（五）有调节的中介检验

研究三从理论上提出，创新内在动机会增强资源获取在职场员工组织内的关系网络建构行为与员工创造力之间的中介效应。为了验证此假设，本书根据 Edwards & Lambert（2007）的建议，运用拔靴法（Bootstrapping Method），分析了在不同的创新内在动机水平下，资源获取在职场员工组织内的关系网络建构行为与员工创造力之间所起的中介效应。

第五章 职场员工关系网络构建行为的实证结果分析

第一节 子研究一的实证结果分析

子研究一的实证结果分析主要包括：验证性因子分析、共同方法偏差检验、描述性统计分析、研究假设的检验。以下分别进行具体描述：

一、验证性因子分析

为了检验关键变量的构念区分性，本书采用 AMOS17.0 对“职场员工组织内的关系网络建构行为”“职场员工组织外的关系网络建构行为”“成就需求动机”“权力需求动机”和“亲和需求动机”进行了验证性因子分析，在六因子模型、五因子模型、四因子模型、三因子模型、二因子模型以及单因子模型之间进行对比，结果如表 5 -1 所示。从表 5 -1 中可以看到，与另外 6 个模型相比，六因子模型吻合得比较好［χ^2（215）=458.83，$p<0.01$；RMSEA =0.07，CFI =0.91，TLI =0.90］，而且这一模型要显著地优于其他五因子模型和单因子模型的拟合优度，表明测量具有较好的区分效度。

表 5 -1 验证性因素分析结果[a]

	χ^2	Df	RMSEA	RMR	CFI	TLI
零模型[b]（Null model）	2782.50	253	0.20	0.29	0.00	0.00
六因子模型	458.83	215	0.07	0.06	0.91	0.90
五因子模型[c]	593.64	220	0.08	0.06	0.85	0.83
四因子模型[d]	759.07	224	0.10	0.07	0.79	0.76

续表

	χ^2	Df	RMSEA	RMR	CFI	TLI
三因子模型[e]	1276.86	227	0.14	0.11	0.59	0.54
二因子模型[f]	1382.00	229	0.14	0.12	0.54	0.50
单因子模型[j]	1502.38	230	0.15	0.12	0.50	0.45

注：n = 245；** 表示 $p<0.01$，* 表示 $p<0.05$。

a 由于职场员工组织内、外的关系网络建构行为和组织政治知觉是多维度的概念，根据 Mathieu & Farr（1991）的建议，本书用各个维度中的所有题项均值来代表构念的每个维度。如职场员工组织内的关系网络建构行为由 3 个维度"组织内关系网络的建立""组织内关系网络维护"和"组织内关系网络使用"构成，在数据分析时把每个维度中的所有测项取均值并合并为一个新的测项。最终，职场员工组织内的关系网络建构行为由 3 个合并后的题项构成。

b 在零模型中，所有测量项目之间没有关系。

c 在五因子模型中，把成就需求动机、权力需求动机合并为一个潜在因子。

d 在四因子模型中，把成就需求动机、权力需求动机和亲和需求动机合并为一个潜在因子。

e 在三因子模型中，把成就需求动机、权力需求动机、亲和需求动机和对组织政治的感知合并为一个潜在因子。

f 在三因子模型中，把成就需求动机、权力需求动机、亲和需求动机和对组织政治的感知合并为一个潜在因子。

j 将所有项目归属于同一个潜在因子。

二、共同方法偏差检验

为了降低共同方法偏差带来的系统误差，本书在程序上进行了一定的控制，如所有的问卷采用匿名、尽可能减小被试对测量目的的猜度、被试相互独立进行评价等。然而限于样本是同源、同时点的局限，本书采用 Harman 单因子检验法（周浩、龙立荣，2004）。结果显示第一个主成分解释的变异为 23.41%，未占总变异解释量（68.80%）的一半，这说明共同方法偏差在本书中并未造成严重的问题。

三、描述性统计分析

各变量的平均值、方差以及相关系数如表 5－2 所示。从表 5－2 中可以看到，在控制变量方面，性别与员工成就需求动机（$r=-0.20$，$p<0.01$）、权力需求动机（$r=-0.19$，$p<0.01$）、组织内的职场员工关系网络建构行为（$r=-0.16$，$p<0.05$）及组织外的职场员工关系网络建构行为（$r=-0.22$，$p<0.01$）都存在显著的负相关关系；婚姻状况与员工的亲和需求动机（$r=-0.16$，$p<0.05$）和组织外的职场员工关系网络建构行为（$r=-0.17$，$p<0.05$）有显著

表 5－2　各主要变量的平均值、方差和相关系数

变量	1	2	3	4	5	6	7	8	9	10	11	12	13
1. 年龄	1.00												
2. 性别	-0.13*	1.00											
3. 婚姻状况	0.34**	0.05	1.00										
4. 有无孩子	0.42**	-0.06	0.51**	1.00									
5. 工作部门[a]	-0.01	0.03	-0.08	0.03	1.00								
6. 组织年资	0.64**	-0.10	0.24**	0.35**	0.10	1.00							
7. 组织层级[b]	0.42**	-0.22**	0.18**	0.28**	0.09	0.32**	1.00						
8. 成就需求动机	0.03	-0.20**	0.01	0.04	0.08	0.09	0.16*	1.00					
9. 权力需求动机	0.01	-0.19**	0.03	0.03	0.11	0.01	0.13*	0.38**	1.00				
10. 亲和需求动机	-0.05	-0.11	-0.16*	-0.08	0.07	0.01	0.05	0.39**	0.46**	1.00			
11. 组织政治感知	-0.03	0.03	-0.08	-0.09	0.11	-0.04	-0.02	0.29**	0.23**	0.29**	1.00		
12. 组织内的职场员工关系网络建构行为	0.08	-0.16*	-0.07	0.00	0.10	0.10	0.11	0.35**	0.37**	0.40**	0.28**	1.00	
13. 组织外的职场员工关系网络建构行为	-0.03	-0.22**	-0.17**	-0.05	0.02	-0.01	-0.01	0.34**	0.43**	0.45**	0.26**	0.62**	1.00
平均值（M）	31.01	0.51	0.73	0.42	3.75	5.72	1.72	4.88	4.27	4.17	3.86	4.28	3.92
标准差（SD）	3.67	0.50	0.45	0.50	2.16	3.80	0.92	0.62	0.78	0.82	1.08	0.58	0.81

注：n＝245；$**p<0.01$，$*p<0.05$。

a工作部门：1 为基层员工；2 为基层主管；3 为中层主管；4 为高层主管。

b组织层级：1 为基层员工；2 为基层主管；3 为中层主管；4 为高层主管。

的负相关关系；组织层级与员工的成就需求动机（$r=0.16$，$p<0.05$）和权力需求动机（$r=0.13$，$p<0.05$）有显著的正相关关系。

另外，年龄（$r=0.08$，*n.s*）、婚姻状况（$r=-0.07$，*n.s*）、有无孩子（$r=0.00$，*n.s*）、工作部门（$r=0.10$，*n.s*）、组织年资（$r=0.10$，*n.s*）、组织层级（$r=0.11$，*n.s*）对于组织内的职场员工关系网络建构行为都没有显著的相关关系，这表明组织内的职场员工关系网络建构行为在不同年龄、婚姻状况、有无孩子、工作部门、组织年资和组织层级的员工中差异不大；同时，年龄（$r=-0.03$，*n.s*）、有无孩子（$r=-0.05$，*n.s*）、工作部门（$r=0.02$，*n.s*）、组织年资（$r=-0.01$，*n.s*）、组织层级（$r=-0.01$，*n.s*）对于组织外的职场员工关系网络建构行为都没有显著的相关关系，这表明组织外的职场员工关系网络建构行为在不同年龄、有无孩子、工作部门、组织年资和组织层级的员工中差异不大。另外，从表5-2中可以看到，员工性别和婚姻状况与职场员工关系网络建构行为存在相关性。其中，已婚与员工组织外的关系网络建构行为是显著负向相关的，而女性员工与职场员工组织内、外的关系网络建构行为都显著负相关。

在主要的研究变量上，成就需求动机（$r=0.35$，$p<0.01$）、权力需求动机（$r=0.37$，$p<0.01$）、亲和需求动机（$r=0.40$，$p<0.01$）和组织政治感知（$r=0.28$，$p<0.01$）与组织内的职场员工关系网络建构行为都有显著的正向相关关系。同时，成就需求动机（$r=0.34$，$p<0.01$）、权力需求动机（$r=0.43$，$p<0.01$）、亲和需求动机（$r=0.45$，$p<0.01$）和组织政治感知（$r=0.26$，$p<0.01$）与组织外的职场员工关系网络建构行为都有显著的正向相关关系。这些结果为本书的相关假设提供了初步的支持。

四、研究假设的检验

对于假设的检验，本书采用层级回归（Hierarchical Regression Modeling）的方法来进行（Baron & Kenny，1986）。此研究以个体成就需求动机理论、组织政治理论和特质激发理论为基础，提出了14条原假设需进行相关实证检验（见表5-3）。

表5-3 子研究一相关假设内容一览

序号	原假设的内容
1	假设1a：成就需求动机对职场员工组织内的关系网络建构行为具有正向的影响
2	假设1b：成就需求动机对职场员工组织外的关系网络建构行为具有正向的影响
3	假设2a：权力需求动机对职场员工组织内的关系网络建构行为具有正向的影响
4	假设2b：权力需求动机对职场员工组织外的关系网络建构行为具有正向的影响

续表

序号	原假设的内容
5	假设 3a：亲和需求动机对职场员工组织内的关系网络建构行为具有正向的影响
6	假设 3b：亲和需求动机对职场员工组织外的关系网络建构行为具有正向的影响
7	假设 4a：组织政治感知对职场员工组织内的关系网络建构行为具有正向的影响
8	假设 4b：组织政治感知对职场员工组织外的关系网络建构行为具有正向的影响
9	假设 5a：组织政治感知越高，员工成就需求动机与职场员工组织内的关系网络建构行为之间的关系就越强
10	假设 5b：组织政治感知越高，员工成就需求动机与职场员工组织外的关系网络建构行为之间的关系就越强
11	假设 6a：组织政治感知越高，员工权力需求动机与职场员工组织内的关系网络建构行为之间的关系就越强
12	假设 6b：组织政治感知越高，员工权力需求动机与职场员工组织外的关系网络建构行为之间的关系就越强
13	假设 7a：组织政治感知对于员工亲和需求动机与职场员工组织内的关系网络建构行为之间的关系没有显著的调节作用
14	假设 7b：组织政治感知对于员工亲和需求动机与职场员工组织外的关系网络建构行为之间的关系没有显著的调节作用

（一）主效应

假设 1a 提出成就需求动机对员工组织内的职场员工关系网络建构行为具有正向的影响。为了检验这一假设，本书首先将组织内的职场员工关系网络建构行为设为因变量，其次加入控制变量（年龄、性别、婚姻状况、有无孩子、工作部门、组织层级和组织年资），最后加入自变量成就需求动机。层级回归分析结果列在表 5 -4 中。从表 5 -4 中可以看到，成就需求动机对组织内的职场员工关系网络建构行为具有正向的影响（M_2，$\beta = 0.17$，$p < 0.05$）。因此，假设 1a 得到了数据的支持。

假设 1b 提出成就需求动机对员工组织外的关系网络建构行为具有正向的影响。为了检验这一假设，本书首先将组织外的职场员工关系网络建构行为设为因变量，其次加入控制变量（年龄、性别、婚姻状况、有无孩子、工作部门、组织层级和组织年资），最后加入自变量成就需求动机。层级回归分析结果列在表 5 -4 中。从表 5 -4 中可以看到，成就需求动机对组织外的职场员工关系网络建构行为具有正向的影响（M_6，$\beta = 0.14$，$p < 0.05$）。因此，假设 1b 得到了数据的支持。

假设 2a 提出权力需求动机对员工组织内的职场员工关系网络建构行为具有正向的影响。为了检验这一假设，本书首先将组织内的职场员工关系网络建构行为设为因变量，其次加入控制变量（年龄、性别、婚姻状况、有无孩子、工作部门、组织层级和组织年资），最后加入自变量权力需求动机。层级回归分析结果列在表 5-4 中。从表 5-4 中可以看到，权力需求动机对组织内的职场员工关系网络建构行为具有正向的影响（M_2，$\beta=0.18$，$p<0.05$）。因此，假设 2a 得到了数据的支持。

假设 2b 提出权力需求动机对员工组织外的关系网络建构行为具有正向的影响。为了检验这一假设，本书首先将组织外的职场员工关系网络建构行为设为因变量，其次加入控制变量（年龄、性别、婚姻状况、有无孩子、工作部门、组织层级和组织年资），最后加入自变量权力需求动机。层级回归分析结果列在表 5-4 中。从表 5-4 中可以看到，权力需求动机对组织外的职场员工关系网络建构行为具有正向的影响（M_6，$\beta=0.26$，$p<0.01$）。因此，假设 2b 得到了数据的支持。

假设 3a 提出亲和需求动机对员工组织内的职场员工关系网络建构行为具有正向的影响。为了检验这一假设，本书首先将组织内的职场员工关系网络建构行为设为因变量，其次加入控制变量（年龄、性别、婚姻状况、有无孩子、工作部门、组织层级和组织年资），最后加入自变量亲和需求动机。层级回归分析结果列在表 5-4 中。从表 5-4 中可以看到，亲需求动机对组织内的职场员工关系网络建构行为具有正向的影响（M_2，$\beta=0.24$，$p<0.01$）。因此，假设 3a 得到了数据的支持。

假设 3b 提出亲和需求动机对员工组织外的关系网络建构行为具有正向的影响。为了检验这一假设，本书首先将组织外的职场员工关系网络建构行为设为因变量，其次加入控制变量（年龄、性别、婚姻状况、有无孩子、工作部门、组织层级和组织年资），最后加入自变量亲和需求动机。层级回归分析结果列在表 5-4 中。从表 5-4 中可以看到，亲和需求动机对组织外的职场员工关系网络建构行为具有正向的影响（M_6，$\beta=0.26$，$p<0.01$）。因此，假设 3b 得到了数据的支持。

假设 4a 提出组织政治感知对员工组织内的职场员工关系网络建构行为具有正向的影响。为了检验这一假设，本书首先将组织内的职场员工关系网络建构行为设为因变量，其次加入控制变量（年龄、性别、婚姻状况、有无孩子、工作部门、组织层级和组织年资），最后加入自变量组织政治感知。层级回归分析结果列在表 5-4 中。从表 5-4 中可以看到，组织政治感知对组织内的职场员工关系网络建构行为具有正向的影响（M_3，$\beta=0.28$，$p<0.01$）。因此，假设 4a 得到了数据的支持。

表 5 - 4　层级回归统计结果

因变量→	组织内的职场员工关系网络建构行为				组织外的职场员工关系网络建构行为			
解释变量↓	M_1	M_2	M_3	M_4	M_5	M_6	M_7	M_8
控制变量								
年龄	0.04	0.08	0.02	0.10	0.00	0.04	-0.01	0.06
性别	-0.14*	-0.05	-0.15**	-0.07	-0.22**	-0.13*	-0.23**	-0.14*
婚姻状况	-0.08	-0.07	-0.07	-0.04	-0.16*	-0.14*	-0.15*	-0.12
是否有孩子	-0.02	-0.01	0.00	0.01	0.03	0.04	0.05	0.05
工作部门	0.09	0.05	0.06	0.05	0.02	-0.03	-0.01	-0.03
组织年资	0.06	0.03	0.07	0.01	0.01	-0.01	0.02	-0.04
组织层级	0.05	0.00	0.06	-0.01	-0.04	-0.09	-0.04	-0.11
自变量								
成就需求动机		0.17*		0.19**		0.14*		0.15*
权力需求动机		0.18*		0.16*		0.26**		0.25**
亲和需要动机		0.24**		0.20**		0.26**		0.22**
调节变量								
组织政治感知			0.28**	0.16**			0.26**	0.12*
交互项								
成就需求动机×组织政治感知				0.21**				0.14*
权力需求动机×组织政治感知				-0.10				-0.08
亲和需求动机×组织政治感知				0.09				0.13*
R^2	0.05	0.25	0.13	0.31	0.08	0.33	0.14	0.18
ΔR^2	0.05	0.20	0.08	0.06	0.08	0.25	0.07	0.04
F	1.88	7.58**	20.6**	7.34**	2.76**	11.10**	4.89**	4.57**
ΔF	1.88	19.86**	4.35**	5.27**	2.76**	28.32**	18.39**	3.34**

注：n = 245；** $p < 0.01$，* $p < 0.05$。

假设 4b 提出组织政治感知对员工组织外的关系网络建构行为具有正向的影响。为了检验这一假设，本书首先将组织外的职场员工关系网络建构行为设为因变量，其次加入控制变量（年龄、性别、婚姻状况、有无孩子、工作部门、组织层级和组织年资），最后加入自变量组织政治感知。层级回归分析结果列在表5－4 中。从表 5－4 中可以看到，组织政治感知对组织外的职场员工关系网络建构行为具有正向的影响（M_7，$\beta=0.26$，$p<0.01$）。因此，假设 4b 得到了数据的支持。

（二）交互效应

假设 5a 提出组织政治感知越高，员工成就需求动机与组织内的职场员工关系网络建构行为之间的关系就越强。为了验证这一假设，本书首先将组织内的职场员工关系网络建构行为设为因变量，其次依次引入控制变量（年龄、性别、婚姻状况、有无孩子、工作部门、组织层级和组织年资）、自变量（员工成就需求动机）和调节变量（组织政治感知），最后加入自变量（员工成就需求动机）和调节变量（组织政治感知）的乘积项。为了避免自变量与交互效应项相关过高而产生的共线性问题，根据 Aiken & West（1991）的建议，先将自变量进行中心化处理，使其平均数换移至 0，再计算交互效应项。层级回归分析结果列在表 5－4 中。从表 5－4 中可以看到，组织政治感知与成就需求动机的交互对组织内的职场员工关系网络建构行为具有正向的影响（M_4，$\beta=0.21$，$p<0.01$），这表明员工组织政治感知越高，员工成就需求动机与组织内的职场员工关系网络建构行为之间的关系就越强。因此，假设 5a 获得了数据的支持。图 5－1 表明了这种交互作用的影响模式，根据 Cohen，West & Aiken（2003）等推荐的程序，本书分别以高于均值一个标准差和低于均值一个标准差为基准描绘了不同组织政治感知的员工对成就需求动机与组织内的职场员工关系网络建构行为之间的调节作用。

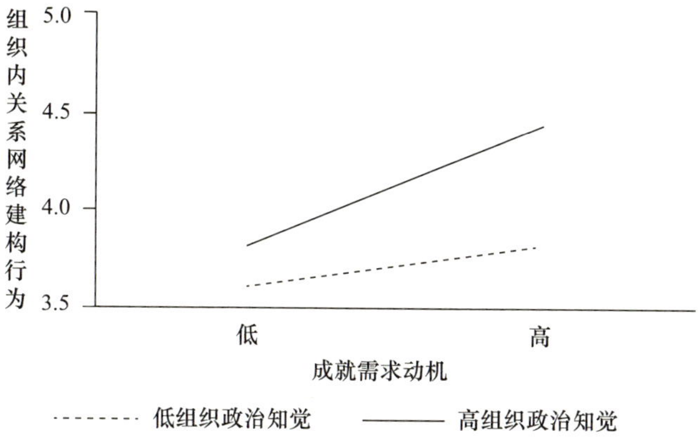

图 5－1　成就需求动机在不同组织政治感知时组织内的职场员工关系网络建构行为的差异

假设5b提出组织政治感知越高，员工成就需求动机与组织外的职场员工关系网络建构行为之间的关系就越强。为了验证这一假设，本书首先将组织外的职场员工关系网络建构行为设为因变量，其次依次引入控制变量（年龄、性别、婚姻状况、有无孩子、工作部门、组织层级和组织年资）、自变量（员工成就需求动机）和调节变量（组织政治感知），最后加入自变量（员工成就需求动机）和调节变量（组织政治感知）的乘积项。为了避免自变量与交互效应项相关过高而产生的共线性问题，根据Aiken & West（1991）的建议，先将自变量进行中心化处理，使其平均数换移至0，再计算交互效应项。层级回归分析结果列在表5-4中。从表5-4中可以看到，组织政治感知与成就需求动机的交互对组织外的职场员工关系网络建构行为具有正向的影响（M_8，$\beta=0.14$，$p<0.05$），这表明员工组织政治感知越高，员工成就需求动机与组织外的职场员工关系网络建构行为之间的关系就越强。因此，假设5b获得了数据的支持。图5-2表明了这种交互作用的影响模式，根据Cohen等（2003）推荐的程序，本书分别以高于均值一个标准差和低于均值一个标准差为基准描绘了组织政治感知对成就需求动机与组织外的职场员工关系网络建构行为之间的调节作用。

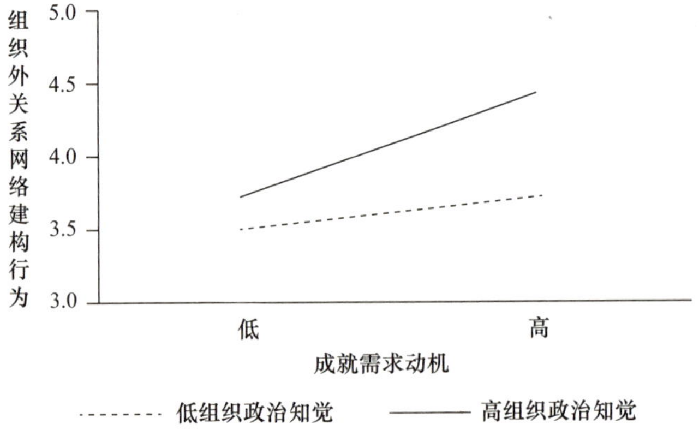

图5-2　成就需求动机在不同组织政治感知时组织外的职场员工关系网络建构行为的差异

假设6a提出组织政治感知越高，员工权力需求动机与组织内的职场员工关系网络建构行为之间的关系就越强。为了验证这一假设，本书首先将组织内的职场员工关系网络建构行为设为因变量，其次依次引入控制变量（年龄、性别、婚姻状况、有无孩子、工作部门、组织层级和组织年资）、自变量（员工权力需求动机）和调节变量（组织政治感知），最后加入自变量（员工权力需求动机）和调节变量（组织政治感知）的乘积项。为了避免自变量与交互效应项相关过高而产生的共线性问题，根据 Aiken & West（1991）的建议，先将自变量进行中心化处理，使其平均数换移至0，再计算交互效应项。层级回归分析结果列在表5－4中。从表5－4中可以看到，组织政治感知与权力需求动机的交互对组织内的职场员工关系网络建构行为没有显著的影响（M_4，$\beta=-0.10$，*n.s*）。这表明员工组织政治感知对于员工成就需求动机与组织内的职场员工关系网络建构行为之间的关系没有显著的调节作用。因此，假设6a没有获得数据的支持。

假设6b提出组织政治感知越高，员工权力需求动机与组织外的职场员工关系网络建构行为之间的关系就越强。为了验证这一假设，本书首先将组织外的职场员工关系网络建构行为设为因变量，其次依次引入控制变量（年龄、性别、婚姻状况、有无孩子、工作部门、组织层级和组织年资）、自变量（员工权力需求动机）和调节变量（组织政治感知），最后加入自变量（员工权力需求动机）和调节变量（组织政治感知）的乘积项。为了避免自变量与交互效应项相关过高而产生的共线性问题，根据 Aiken & West（1991）的建议，先将自变量进行中心化处理，使其平均数换移至0，再计算交互效应项。层级回归分析结果列在表5－4中。从表5－4中可以看到，组织政治感知与权力需求动机的交互对组织外的职场员工关系网络建构行为没有显著的影响（M_8，$\beta=-0.08$，*n.s*）。这表明员工组织政治感知对于员工成就需求动机与组织外的职场员工关系网络建构行为之间的关系没有显著的调节作用。因此，假设6b没有获得数据的支持。

假设7a提出组织政治感知对于员工亲和需求动机与组织内的职场员工关系网络建构行为之间的关系没有显著的调节作用。为了验证这一假设，本书首先将组织内的职场员工关系网络建构行为设为因变量，其次依次引入控制变量（年龄、性别、婚姻状况、有无孩子、工作部门、组织层级和组织年资）、自变量（员工亲和需求动机）和调节变量（组织政治感知），最后加入自变量（员工亲和需求动机）和调节变量（组织政治感知）的乘积项。为了避免自变量与交互效应项相关过高而产生的共线性问题，根据 Aiken & West（1991）的建议，先将自变量进行中心化处理，使其平均数换移至0，再计算交互效应项。层级回归分析结果列在表5－4中。从表5－4中可以看到，组织政治感知与亲和需求动机的交互对组织内的职场员工关系网络建构行为没有显著的影响（M_4，$\beta=0.09$，*n.s*）。这表明员工组织政治感知对于员工亲和需求动机与组织内的职场员工关系网络建构行为之间的关系没有显著的调节作用。因此，假设7a获得数据的支持。

假设7b提出组织政治感知对于员工亲和需求动机与组织外的职场员工关系网络建构行为之间的关系没有显著的调节作用。为了验证这一假设，本书首先将组织外的职场员工关系网络建构行为设为因变量，其次依次引入控制变量（年龄、性别、婚姻状况、有无孩子、工作部门、组织层级和组织年资）、自变量

（员工亲和需求动机）和调节变量（组织政治感知），最后加入自变量（员工亲和需求动机）和调节变量（组织政治感知）的乘积项。为了避免自变量与交互效应项相关过高而产生的共线性问题，根据 Aiken & West（1991）的建议，先将自变量进行中心化处理，使其平均数换移至 0，再计算交互效应项。层级回归分析结果列在表 5-4 中。从表 5-4 中可以看到，组织政治感知与亲和需求动机的交互对组织外的职场员工关系网络建构行为有显著的影响（M_8，$\beta = 0.13$，$p < 0.05$）。这表明员工组织政治感知对于员工亲和需求动机与组织外的职场员工关系网络建构行为之间的关系有显著的调节作用。因此，假设 7b 没有获得数据的支持。图 5-3 表明了这种交互作用的影响模式，根据 Cohen 等（2003）推荐的程序，本书分别以高于均值一个标准差和低于均值一个标准差为基准描绘了组织政治感知对成就亲和动机与组织外的职场员工关系网络建构行为之间的调节作用。

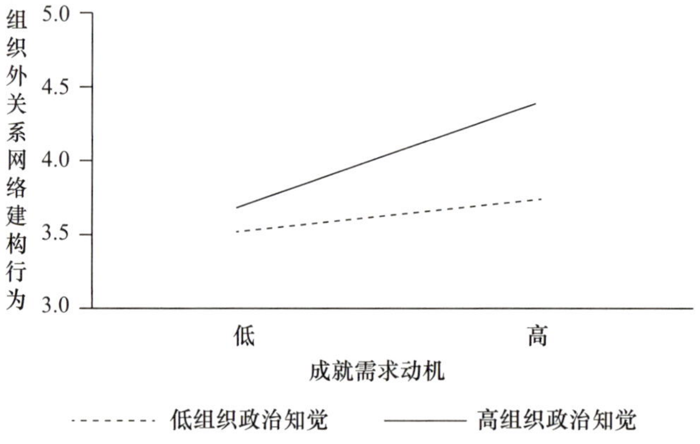

图 5-3　亲和需求动机在不同组织政治感知时组织外的职场员工关系网络建构行为的差异

第二节　子研究二的实证结果分析

子研究二的实证结果分析主要包括：构念区分效度的验证性因子分析、共同方法偏差检验、描述性统计分析、研究假设的检验。以下分别进行具体描述：

一、验证性因子分析

为了检验关键变量的构念区分效度，本书采用 AMOS17.0 对“职场员工组织外的关系网络建构行为”“工作流动性感知”“组织认同”和“离职倾向”进行了验证性因子分析，在四因子模型、三因子模型以及单因子模型之间进行对比。结果如表5-5所示。从表5-5中可以看到，与另外4个模型相比，五因子模型吻合得比较好［χ^2（38）=65.49，$p<0.01$；RMSEA=0.06，CFI=0.92，TLI=0.91］，而且这一模型要显著地优于其他四因子模型和单因子模型的拟合优度，表明测量具有较好的区分效度。

表5-5 验证性因素分析结果[a]

	χ^2	Df	RMSEA	RMR	CFI	TLI
零模型[b]（Null model）	1315.54	55	0.306	0.426	0.000	0.000
四因子模型	65.49	38	0.130	0.057	0.978	0.968
三因子模型[c]	210.00	41	0.116	0.169	0.866	0.820
二因子模型[d]	607.49	43	0.232	0.237	0.552	0.427
单因子模型[e]	812.95	44	0.268	0.198	0.390	0.237

注：** $p<0.01$，* $p<0.05$。

a 由于职场员工组织外的关系网络建构行为是多维度的概念，根据 Mathieu & Farr（1991）的建议，本书用维度所有题项的均值来代表该维度。此外，根据 Mathieu & Farr（1991）的建议，本书将组织认同的5个题项简化为3个题项。

b 在零模型中，所有测量项目之间没有关系。

c 将职场员工组织外的关系网络建构行为和工作流动性感知合并为一个潜在因子。

d 将职场员工组织外的关系网络建构行为、工作流动性感知和组织认同合并为一个潜在因子。

e 将所有项目归属于同一个潜在因子。

二、共同方法偏差检验

为了降低共同方法偏差带来的系统误差，本书在程序上进行了一定的控制，如所有的问卷采用匿名、尽可能减小被试对测量目的的猜度、被试相互独立进行评价等。然而限于样本是同源、同时点的局限，本书采用 Harman 单因子检验法（周浩、龙立荣，2004）。结果显示第一个主成分解释的变异为14.13%，未占总变异解释量（65.86%）的一半，这说明共同方法偏差在本书中并未造成严重的问题。

三、描述性统计分析

各变量的平均值、方差以及相关系数如表5-6所示。从表5-6中可以看到，组织外的职场员工关系网络建构行为与工作流动性感知（r=0.25，$p<0.01$）

表 5-6　各主要变量的平均值、方差和相关系数

变量	1	2	3	4	5	6	7	8	9
1. 年龄	1.00								
2. 性别	-0.13*	1.00							
3. 婚姻状况	0.34**	0.05	1.00						
4. 组织层级[a]	0.42**	-0.22**	0.18**	1.00					
5. 组织年资	0.64**	-0.10	0.24**	0.32**	1.00				
6. 组织外的职场员工关系网络建构行为	-0.03	-0.22**	-0.16*	0.00	-0.01	1.00			
7. 工作流动性感知	-0.01	-0.07	-0.04	0.03	0.04	0.25**	1.00		
8. 组织认同	0.17**	-0.16*	0.08	0.30**	0.12	0.12	0.06	1.00	
9. 离职倾向	-0.10	0.08	-0.07	-0.15*	0.00	0.17**	0.34**	-0.33**	1.00
平均值（M）	31.01	0.51	0.73	1.72	5.72	3.92	4.21	4.32	3.67
标准差（SD）	3.67	0.5	0.45	0.92	3.8	0.81	1.11	0.77	1.29

注：n=245；$**p<0.01$，$*p<0.05$。

a组织层级：1 为基层员工；2 为基层主管；3 为中层主管；4 为高层主管。

及离职倾向（r=0.17，$p<0.01$）呈现出显著的正相关关系；组织认同与工作流动性感知（r=0.06，n.s）没有显著的相关关系，而组织认同与离职倾向（r=−0.33，$p<0.01$）则呈现出显著的负相关关系。在控制变量中，年龄（r=−0.03，n.s）、婚姻状况（r=0.00，n.s）、组织年资（r=−0.01，n.s）与组织外的职场员工关系网络建构行为都没有显著的相关关系，这表明组织外的职场员工关系网络建构行为在不同年龄、婚姻状况和组织年资的员工中差异不大。同时，性别（r=−0.22，$p<0.01$）和组织层级（r=−0.16，$p<0.05$）则表现出显著的负相关关系。

四、研究假设的检验

本书采用层级回归（Hierarchical Regression Modeling）的方法来进行假设的检验（Baron & Kenny，1986），结果如表5-7所示。

1. 主效应

假设8提出组织外的职场员工关系网络建构行为对离职倾向具有正向的影响。为了检验这一假设，本书首先将离职倾向设为因变量，其次加入控制变量（年龄、性别、婚姻状况、组织层级和组织年资），最后加入自变量（组织外的职场员工关系网络建构行为）。层级回归分析结果列在表5-7中。由表5-7中可以看到，组织外的职场员工关系网络建构行为对离职倾向具有正向的影响（M_4，$\beta=0.19$，$p<0.01$）。因此，假设1得到了数据的支持。

2. 中介效应

对于中介作用的检验，本书根据Baron & Kenny（1986）的建议，分四个步骤进行分析：①自变量对结果变量的影响（假设8）。②自变量对中介变量的影响（假设9）。在引入控制变量的基础上，本书将自变量（组织外的职场员工关系网络建构行为）放入回归方程，分析组织外的职场员工关系网络建构行为对离职倾向的影响。③中介变量对因变量的影响。在引入控制变量的基础上，本书将中介变量（工作流动性感知）放入回归方程，分析工作流动性感知对离职倾向的影响。④中介效应（假设10）。在引入控制变量和自变量的基础上，本书将中介变量引入回归方程，分析组织外的职场员工关系网络建构行为和工作流动性感知对离职倾向的影响。层级回归分析结果列在表5-7中。由表5-7的结果可知，组织外的职场员工关系网络建构行为对工作流动性感知具有显著的正向影响（M_2，$\beta=0.24$，$p<0.01$），支持了假设9。同时，工作流动性感知对离职倾向具有显著的正向影响（M_5，$\beta=0.35$，$p<0.01$），在加入中介变量后，组织外的职场员工关系网络建构行为对离职倾向的影响变为不显著，而工作流动性感知对离职倾向依旧具有显著的正向影响（M_6，$\beta=0.32$，$p<0.01$）。

表 5－7　层级回归统计结果

因变量→	工作流动性感知				离职倾向			
解释变量↓	M_1	M_2	M_3	M_4	M_5	M_6	M_7	M_8
控制变量								
年龄	-0.05	-0.05	-0.10	-0.10	-0.08	-0.08	-0.07	-0.07
性别	-0.07	-0.01	0.05	0.01	0.08	0.10	0.07	0.08
婚姻状况	-0.04	-0.01	-0.04	-0.01	-0.03	-0.01	0.01	0.00
组织层级	0.03	0.03	-0.13	-0.12	-0.14*	-0.14*	-0.05	-0.04
组织年资	0.07	0.06	0.12	0.12	0.10	0.10	0.09	0.10
自变量								
组织外的职场员工关系网络建构行为		0.24**		0.19**		0.11	0.15*	0.17**
中介变量								
工作流动性感知					0.35**	0.32**	0.33**	0.33**
调节变量								
组织认同							-0.34**	-0.35**
交互项								
工作流动性感知×组织认同								-0.17**
R^2	0.01	0.07	0.04	0.07	0.16	0.17	0.27	0.30
ΔR^2	0.01	0.06	0.04	0.03	0.12	0.10	0.10	0.03
F	0.50	2.74*	1.84	2.98**	7.41**	6.84**	10.92**	11.07**
ΔF	0.50	13.78**	1.84	8.40**	34.00**	27.95**	33.00**	9.23**

注：n＝245；** $p<0.01$，* $p<0.05$。

因此，假设 10 也得到了数据的支持，即工作流动性感知在组织外的职场员工关系网络建构行为与离职倾向的关系中起着完全中介的作用。

尽管 Baron & Kenny（1986）的中介效应检验标准被广泛地运用，但也存在一些局限性。其中一个重要的局限性是没有检验中介效应的显著性。为此，本书运用 Sobel（1982）的分析来检验间接效应的显著性。研究结果表明，工作流动性感知在组织外的职场员工关系网络建构行为与离职倾向之间的关系中所起的中介效应是显著的（Z = 3.04，$p < 0.01$）。因此，假设 10 得到了数据的进一步支持。

3. 调节效应

假设 11 提出组织认同会弱化工作流动性感知与离职倾向之间的正向关系。为了验证这一假设，本书首先将离职倾向设为因变量，其次依次引入控制变量、自变量和调节变量，最后加入自变量和调节变量的乘积项。为了避免自变量与交互效应项相关过高而产生的共线性问题，根据 Aiken & West（1991）的建议，先将自变量进行中心化处理，使其平均数换移至 0，再计算交互效应项。层级回归分析结果列在表 5 – 7 中。

从表 5 – 7 中可以看到，工作流动性感知与组织认同交互对离职倾向具有负向的影响（M_8，$\beta = -0.17$，$p < 0.01$），这表明员工组织认同越高，工作流动性感知与离职倾向之间的正向关系就越弱。因此，假设 11 获得了数据的支持。图 5 – 4 表明了这种交互作用的影响模式，根据 Cohen 等（2003）推荐的程序，本书分别以高于均值一个标准差和低于均值一个标准差为基准描绘了不同组织认同的员工在面对工作流动性感知时表现出的离职倾向的差异。

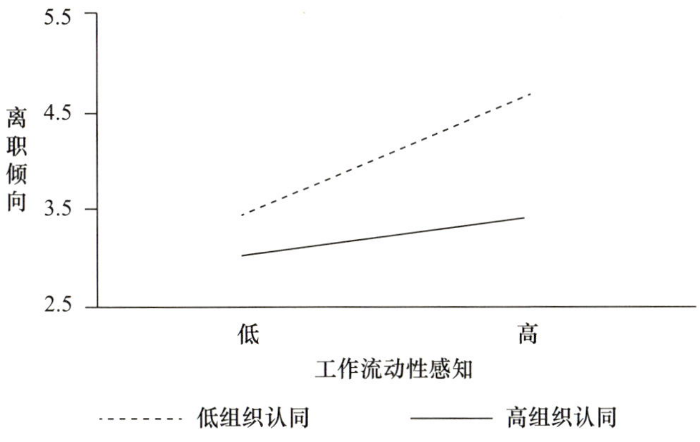

图 5 – 4 不同组织认同的员工在面对工作流动性感知时表现出来的离职倾向差异

第三节 子研究三的实证结果分析

一、嵌套效应分析

本书样本为每个领导评价 3～6 名员工，这可能会产生嵌套效应。因此本书首先使用 ANOVAS 对结果变量员工创造力进行检验，每个组代表一个主管。结果表明，ANOVAS 是显著的：F（59，174）＝4.32，$p>0.05$。这说明领导对员工的评价存在组间差异（没有相对独立），这会显著影响研究的结果偏误。因此，本书采用多层线型模型软件 HLM6.02 进行假设检验。这种分析方法在控制了员工层次变量和主管层次控制变量的情况下，更准确地检验了各变量之间的因果关系。

二、验证性因子分析

为了检验关键变量职场员工组织内的关系网络建构行为、资源获取、创新内在动机和员工创造力之间的区分效度以及各个测量量表的相应测量参数，本书采用统计软件 AMOS17.0 对关键变量进行验证性因素分析，在四因子模型、三因子模型、两因子模型与单因子模型之间进行对比。结果显示，四因子模型吻合得比较好［χ^2（48）＝65.60，$p<0.05$；RMSEA＝0.04，CFI＝0.987，TLI＝0.98］，而且这一模型要显著地优于三因子模型、两因子模型和单因子模型的拟合优度（见表 5－8），这表明变量的测量具有较好的区分效度。

表 5－8 验证性因子分析结果[a]

模型	χ^2	Df	TLI	CFI	RMSEA
零模型（所有测量项目之间没有关系）	1146.78	66	0.00	0.00	0.30
四因子模型	65.60	48	0.98	0.99	0.04
三因子模型（职场员工组织内的关系网络建构行为和资源获取合并为一个潜在因子）	300.03	51	0.77	0.82	0.15
二因子模型（职场员工组织内的关系网络建构行为、资源获取和创新内在动机合并为一个潜在因子）	378.44	53	0.71	0.76	0.16
单因子模型（所有项目归属于同一个潜在因子）	694.00	54	0.43	0.54	0.23

注：n＝234；＊＊$p<0.01$，＊$p<0.05$。

a由于题项较多，在进行因子分析前，本书根据 Mathieu & Farr（1991）的方法将职场员工组织内的关系网络建构行为（22 个题项）、员工创造力（13 个题项）都简化为 3 个题项。

三、描述性统计分析

表5－2总结了变量的平均值、方差以及相关系数。从表5－9中可以看到，职场员工组织内的关系网络建构行为与资源获取（$r=0.30$，$p<0.01$）以及员工创造力（$r=0.29$，$p<0.01$）正向相关；资源获取与员工创造力呈现出显著的正相关关系（$r=0.42$，$p<0.01$）；员工创新内在动机与员工创造力（$r=0.36$，$p<0.01$）之间显著正向相关，员工创新内在动机与资源获取（$r=0.54$，$p<0.01$）之间显著正向相关。这些结果与本书的假设方向是一致的，为假设的验证提供了初步的证据。

四、研究假设检验

（一）主效应

假设12提出了职场员工组织内的关系网络建构行为对员工创造力具有正向的影响。为了检验这一假设，本书首先将资源获取设为结果变量（Outcome Variable），然后加入员工的年龄、性别、组织年资、任职部门、受教育程度和组织层级（第一层级控制变量）和职场员工组织内的关系网络建构行为（Independent Variable）作为第一层级变量（Add Variable Group Centered），最后加入主管的年龄、性别、组织年资、任职部门、受教育程度和组织层级为第二层级控制变量（Add Variable Grand Centered），结果列在表5－10中。通过表5－10中的模型4可知，在同时控制了员工和主管的相关变量之后，职场员工组织内的关系网络建构行为对员工创造力（$\beta=0.14$，$p<0.01$）具有显著的正向影响。由此，假设12得到了数据的支持。

（二）中介效应

假设13提出资源获取在职场员工组织内的关系网络建构行为与员工创造力之间的关系中起着中介作用。根据Baron & Kenny（1986）的研究建议，支持完全中介的作用需要四个条件：①因变量（职场员工组织内的关系网络建构行为）显著地影响中介变量（资源获取）；②因变量（职场员工组织内的关系网络建构行为）显著地影响自变量（员工创造力）；③中介变量显著地影响自变量（员工创造力）；④当中介变量进入检验之后，因变量（职场员工组织内的关系网络建构行为）对自变量（员工创造力）的影响转变为不显著。

由表5－10可知，在同时控制了员工和主管的相关变量之后，职场员工组织内的关系网络建构行为对资源获取（模型2，$\beta=0.27$，$p<0.01$）具有显著的正向影响；资源获取对员工创造力（模型5，$\beta=0.17$，$p<0.01$）具有显著的正向影响。在加入了中介变量资源获取后，职场员工组织内的关系网络建构行为对员

表 5－9　主要变量的均值、方差和相关系数

变量	1	2	3	4	5	6	7	8	9	10	11	12	13	14	15	16
1. 员工年龄	1.00															
2. 员工性别	-0.05	1.00														
3. 员工组织年资	0.77**	-0.04	1.00													
4. 员工任职部门	0.19**	-0.07	0.18**	1.00												
5. 员工受教育程度	-0.18**	0.12	-0.20**	-0.07	1.00											
6. 员工组织层级	0.11	-0.07	0.16*	0.10	0.03	1.00										
7. 主管年龄	0.03	-0.08	0.19**	0.08	0.08	-0.02	1.00									
8. 主管性别	-0.23**	0.18**	-0.21**	-0.34**	0.04	-0.01	-0.09	1.00								
9. 主管组织年资	0.11	-0.03	0.25**	0.04	0.09	-0.02	0.82**	-0.02	1.00							
10. 主管任职部门	0.20**	-0.02	0.18**	0.30**	0.02	-0.05	0.25**	-0.32**	0.30**	1.00						
11. 主管受教育程度	0.06	-0.04	0.08	0.00	0.00	-0.03	0.03	-0.10	-0.16*	0.01	1.00					
12. 主管组织层级	-0.09	0.19**	-0.09	-0.13	0.00	0.11	-0.13*	0.29**	-0.21**	-0.51**	0.12	1.00				
13. 职场员工组织内的关系网络建构行为	-0.02	-0.12	-0.07	-0.03	-0.01	0.05	-0.09	0.03	-0.06	0.08	0.06	-0.05	1.00			
14. 资源获取	-0.02	-0.06	-0.02	-0.11	0.02	0.02	-0.10	-0.08	-0.08	0.05	0.04	0.04	0.30**	1.00		
15. 创新内在动机	0.16*	-0.10	0.10	0.03	-0.08	0.04	-0.11	-0.06	-0.08	0.05	0.04	0.03	0.23**	0.54**	1.00	
16. 员工创造力	0.05	-0.08	0.07	-0.07	-0.13*	0.06	-0.01	-0.06	-0.05	0.10	0.14*	0.00	0.29**	0.42**	0.36**	1.00

续表

变量	1	2	3	4	5	6	7	8	9	10	11	12	13	14	15	16
平均值	34.23	0.25	10.28	4.28	2.70	1.26	39.30	0.16	16.12	4.65	2.61	2.38	3.18	3.50	3.88	3.59
标准差	7.47	0.44	7.61	1.37	0.92	0.61	5.46	0.37	7.02	1.13	0.80	0.49	0.47	0.64	0.51	0.51

注：n=234；$**p<0.01$，$*p<0.05$。

（1）性别："0"为男，"1"为女。

（2）部门："1"为人力资源，"2"为财务，"3"为技术与科研，"4"为市场营销，"5"为生产制造，"6"为其他。

（3）受教育程度："1"为高中或以下，"2"为大专，"3"为本科，"4"为硕士，"5"为博士。

（4）组织层级："1"为基层员工，"2"为基层主管，"3"为中层管理者，"4"为高层管理者。

（5）黑体部分（变量7~12）是团队层级，$N=60$；其他的变量为个体层级，n=234。

（6）对角线括号内的数值为主要变量的信度系数（α值）。

表5-10 采用多层线性模型（HLM）对假设检验分析的结果

		资源获取		员工创造力					
		模型1	模型2	模型3	模型4	模型5	模型6	模型7	模型8
截距		3.50** (0.05)	3.50** (0.05)	3.61** (0.05)	3.61** (0.04)	3.60** (0.05)	3.61** (0.05)	3.61** (0.05)	3.61** (0.05)
第一层级控制变量	员工年龄	-0.00 (0.01)	-0.01 (0.01)	-0.01 (0.01)	-0.01 (0.01)	-0.01 (0.01)	-0.01 (0.01)	-0.01 (0.01)	-0.01 (0.01)
	员工性别	-0.18 (0.11)	-0.14 (0.11)	-0.11 (0.07)	-0.08 (0.07)	-0.08 (0.07)	-0.06 (0.07)	-0.04 (0.07)	-0.04 (0.07)
	员工组织年资	0.00 (0.01)	0.00 (0.01)	0.00 (0.01)	0.00 (0.01)	0.00 (0.01)	0.00 (0.01)	0.00 (0.01)	0.00 (0.01)
	员工任职部门	-0.07 (0.04)	-0.07 (0.04)	0.00 (0.03)	0.00 (0.03)	0.01 (0.03)	0.01 (0.03)	0.01 (0.02)	0.01 (0.02)

续表

		资源获取		员工创造力					
		模型 1	模型 2	模型 3	模型 4	模型 5	模型 6	模型 7	模型 8
截距		3.50** (0.05)	3.50** (0.05)	3.61** (0.05)	3.61** (0.04)	3.60** (0.05)	3.61** (0.05)	3.61** (0.05)	3.61** (0.05)
第一层级控制变量	员工受教育程度	-0.07 (0.09)	-0.06 (0.09)	-0.09 (0.05)	-0.08 (0.05)	-0.07 (0.05)	-0.07 (0.05)	-0.07 (0.05)	-0.08 (0.04)
	员工组织层级	-0.00 (0.07)	-0.00 (0.07)	0.06 (0.03)*	0.06 (0.03)*	0.06 (0.03)*	0.06 (0.03)*	0.07 (0.03)*	0.07 (0.03)*
第二层级控制变量	主管年龄	-0.02 (0.05)	-0.02 (0.01)	0.00 (0.02)	0.00 (0.02)	0.00 (0.02)	0.00 (0.02)	0.00 (0.02)	0.00 (0.02)
	主管性别	-0.13 (0.02)	-0.13 (0.12)	-0.01 (0.13)	-0.01 (0.13)	-0.01 (0.13)	-0.01 (0.13)	-0.01 (0.13)	-0.01 (0.13)
	主管组织年资	0.00 (0.01)	0.00 (0.01)	-0.01 (0.02)	-0.01 (0.02)	-0.01 (0.02)	-0.01 (0.02)	-0.01 (0.02)	-0.01 (0.02)
	主管任职部门	0.07 (0.07)	0.07 (0.07)	0.07 (0.07)	0.07 (0.07)	0.07 (0.07)	0.07 (0.07)	0.07 (0.07)	-0.07 (0.07)
	主管受教育程度	0.03 (0.06)	0.03 (0.06)	0.09 (0.08)	0.09 (0.08)	0.09 (0.08)	0.09 (0.08)	0.09 (0.08)	0.09 (0.08)
	主管组织层级	0.12 (0.14)	0.12 (0.14)	0.10 (0.15)	0.10 (0.15)	0.10 (0.15)	0.10 (0.15)	0.10 (0.15)	0.10 (0.15)

续表

		资源获取		员工创造力					
		模型 1	模型 2	模型 3	模型 4	模型 5	模型 6	模型 7	模型 8
截距		3.50** (0.05)	3.50** (0.05)	3.61** (0.05)	3.61** (0.04)	3.60** (0.05)	3.61** (0.05)	3.61** (0.05)	3.61** (0.05)
自变量	组织内关系网络建构行为		0.27 (0.08)**		0.14 (0.05)**		0.09 (0.05)	0.09 (0.05)	0.11 (0.05)*
中介变量	资源获取					0.17 (0.05)**	0.16 (0.05)**	0.10 (0.05)	0.10 (0.05)*
调节变量	创新内在动机							0.15 (0.06)**	0.15 (0.05)**
交互项	资源获取 × 创新内在动机								0.07 (0.03)*
卡方与自由度	Chi - square (Df)	97.6** (53)	101.2** (53)	245.8** (53)	250.7** (53)	262.7** (53)	264.4** (53)	270.1** (53)	278.1** (53)
方差成分估计	Sigma square	0.33	0.32	0.14	0.14	0.13	0.13	0.13	0.12
	Tau	0.07	0.08	0.13	0.13	0.14	0.14	0.14	0.14
第一层级方差变化	Pseudo R^2 change	—	0.04	—	0.02	0.09	0.08	0.10	0.13

注：n = 234；$**p<0.01$，$*p<0.05$。括号内的值为对应的标准差估计值（S. E.）。第一层级：个体层级；第二层级：团体层级。

工创造力的影响系数从显著（模型4，$\beta=0.27$，$p<0.01$）转变为不显著（模型6，$\beta=0.09$，*n.s*）。同时，排除控制变量和职场员工组织内的关系网络建构行为的影响后，资源获取对员工创造力（模型6，$\beta=0.16$，$p<0.01$）仍具有显著的正向影响。由此可以得出：资源获取在职场员工组织内的关系网络建构行为与员工创造力之间起着完全中介的作用，支持了假设2。

（三）调节效应

假设14提出创新内在动机会强化资源获取与员工创造力之间的正向关系。为了消除共线性，在构造自变量和调节变量的乘积项时，本书将自变量和调节变量分别进行了标准化（Aiken & West，1991）。假设检验分析结果也列在表5-10中。从表5-10中的模型8可以看到，资源获取与创新内在动机之间的交互会对员工创造力产生显著的正向影响（M_8，$\beta=0.07$，$p<0.05$）。这表明，员工的创新内在动机越高，资源获取与员工的员工创造力之间的正向关系就越强，支持了假设14。

图5-5表明了这种交互的影响模式，根据Cohen等（2003）推荐的程序，本书分别以高于均值一个标准差和低于均值一个标准差为基准，绘制了不同创新内在动机的员工在资源获取下员工创造力的差异示意图。

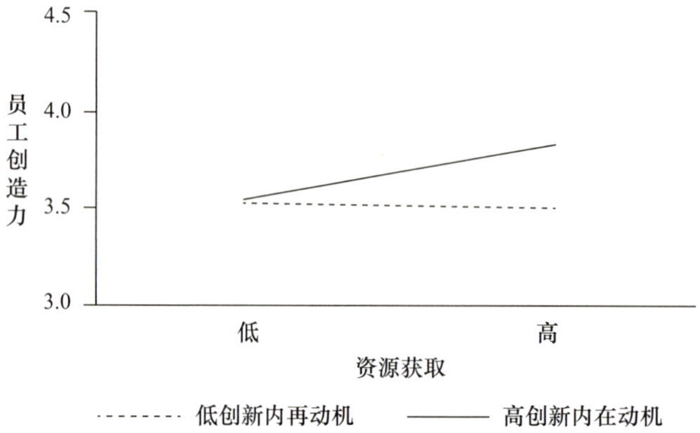

图5-5 不同创新内在动机的员工资源获取对员工创造力的差异

（四）有调节的中介效应

假设5提出创新内在动机会增强资源获取在职场员工组织内的关系网络建构行为与员工创造力之间的中介效应。为了验证这一假设，本书根据Edwards & Lambert（2007）的建议，运用拔靴法，分析了在不同的创新内在动机水平下，资源获取在职场员工组织内的关系网络建构行为与员工创造力之间所起的中介效应，分析结果列在表 5 - 11 中。

从表 5 - 11 中可以看到，当员工创新内在动机低时，资源获取对员工创造力的影响不显著（r = 0.04，*n.s.*）；当员工创新内在动机高时，资源获取对员工创造力具有显著的正向影响（r = 0.40，$p < 0.01$）；并且两者之间存在着显著的差异（Δr = 0.37，$p < 0.01$）。此外，从表 5 - 11 中还可以看到，职场员工组织内的关系网络建构行为对员工创造力的间接影响（通过资源获取）在低创新内在动机时不显著（r = 0.01，*n.s.*），而在高创新内在动机时则为正向的显著影响（r = 0.14，$p < 0.01$），且两者的差异亦显著（Δr = 0.13，$p < 0.01$）。这说明，创新内在动机会增强资源获取在职场员工组织内的关系网络建构行为与员工创造力之间所起的中介效应，从而支持了假设 15。

表 5 - 11　有调节的中介效应分析（员工创造力为结果变量）

调节变量	职场员工组织内的关系网络建构行为（X）→资源获取（M）→员工创造力（Y）				
	阶段		效应		
	第一阶段	第二阶段	直接效应	间接效应	总效应
	P_{MX} [a]	P_{YM} [b]	P_{YX} [c]	$P_{YM}P_{MX}$	$P_{YX}+P_{YM}P_{MX}$
低创新内在动机	0.15	0.04	0.29**	0.01	0.29**
高创新内在动机	0.35**	0.40**	0.14*	0.14**	0.27**
差异	0.12	0.36**	-0.15	0.13**	-0.02

注：n = 234；** $p < 0.01$，* $p < 0.05$。

表中的数字为回归系数（第一阶段、第二阶段及直接效应），或运用这些回归系数计算而得的数值（间接效应、总效应以及差异）。在进行分析前，所有变量均已中心化（使平均数转移到 0）（Aiken & West，1991）。创新内在动机高时各效应的估计，是将员工创新内在动机的均值加 1 个标准差；创新内在动机低时各效应的估计，则是将创新内在动机的均值减 1 个标准差。

aP_{MX}：职场员工组织内的关系网络建构行为对资源获取的影响。

bP_{YM}：资源获取对员工创造力的影响。

cP_{YX}：职场员工组织内的关系网络建构行为对员工创造力的影响。

第六章　结论与讨论

第一节　主要研究结论

一、子研究一的主要研究结论

子研究一探讨了成就需求动机、权力需求动机、亲和需求动机和组织政治感知对于职场员工组织内、外的关系网络建构行为的作用；进而分析了组织政治感知在成就需求动机、权力需求动机、亲和需求动机和职场员工组织内、外的关系网络建构行为之间的调节作用。基于个体需求成就理论、组织政治理论和特质激发理论，子研究一共提出了 14 条原假设。为了对原假设进行数据检验，本书采用统计软件 AMOS17.0 和 SPSS18.0 进行分析。结果显示，在提出的 14 条原假设中，有 11 条原假设通过了数据检验，3 条原假设没有通过数据检验。具体的相关假设检验结果汇总如表 6－1 所示。

表 6－1　子研究一的相关假设检验结果汇总

序号	原假设的内容	数据检验结果
1	假设 1a：成就需求动机对职场员工组织内的关系网络建构行为具有正向的影响	支持
2	假设 1b：成就需求动机对职场员工组织外的关系网络建构行为具有正向的影响	支持
3	假设 2a：权力需求动机对职场员工组织内的关系网络建构行为具有正向的影响	支持
4	假设 2b：权力需求动机对职场员工组织外的关系网络建构行为具有正向的影响	支持
5	假设 3a：亲和需求动机对职场员工组织内的关系网络建构行为具有正向的影响	支持
6	假设 3b：亲和需求动机对职场员工组织外的关系网络建构行为具有正向的影响	支持

续表

序号	原假设的内容	数据检验结果
7	假设4a：组织政治感知对职场员工组织内的关系网络建构行为具有正向的影响	支持
8	假设4b：组织政治感知对职场员工组织外的关系网络建构行为具有正向的影响	支持
9	假设5a：组织政治感知越高，员工成就需求动机与职场员工组织内的关系网络建构行为之间的关系就越强	支持
10	假设5b：组织政治感知越高，员工成就需求动机与职场员工组织外的关系网络建构行为之间的关系就越强	支持
11	假设6a：组织政治感知越高，员工权力需求动机与职场员工组织内的关系网络建构行为之间的关系就越强	不支持
12	假设6b：组织政治感知越高，员工权力需求动机与职场员工组织外的关系网络建构行为之间的关系就越强	不支持
13	假设7a：组织政治感知对于员工亲和需求动机与职场员工组织内的关系网络建构行为之间的关系没有显著的调节作用	支持
14	假设7b：组织政治感知对于员工亲和需求动机与职场员工组织外的关系网络建构行为之间的关系没有显著的调节作用	不支持

根据表6-1中对于子研究一相关假设的检验结果，以下分别对这14条原假设和相关的数据检验结果进行具体的讨论：

（一）成就需求动机对员工组织内的关系网络建构行为的影响

假设1a提出成就需求动机对员工组织内的关系网络建构行为具有正向的影响。McClelland认为，成就需求动机是重要的潜在人格特质，并在其20世纪50～80年代发表的一系列研究文献中进行了具体的研究（Atkinson & McClelland，1948；McClelland，1962，1967，1987；McClelland et al.，1976；McClelland & Burnham，1976）。McClelland等在研究中发现，成就需求动机对于工作有更加显著的效应，因此对于成就需求动机格外进行了关注。成就需求动机是一个人追求成功并希望做到最好的需要。成就需求动机高的人，对工作的胜任感和业绩标准有更高的要求，同样也会更担心失败；同时，成就需求动机高的个体虽然勇于承担风险，但会认真评估风险并试图降低任务的风险。成就需求动机高的员工会主动地全身心地投入到工作中，在组织中往往是那些以工作为核心的“工作狂”。他们通常会从工作本身中获得极高的满足感，并不过分关注成功的物质回报，当出现挫折和失败也不会轻易放弃。在这之后其他学者的研究也发现，成就需求动机强的管理者往往富有创业精神，他们会时刻想着怎样把工作做得更好（Lewin

& Stephens，1994）。

结合成就需求动机和组织内的职场员工关系网络建构行为的内涵和相关研究，本书认为成就需求动机高的员工会花费更多的时间和精力来实施组织内的职场员工关系网络建构行为。主要原因是成就需求动机高的员工希望能从与组织内其他成员的互动中获得更多的信息和帮助，以助其更好地胜任自己的工作，并获得高层次的职业成功。已有实证研究也证明，实施组织内的职场员工关系网络建构行为，会获得更多的职业指导和帮助（Sturges et al.，2002）。本书的数据检验结果也证实了这一原假设。

（二）成就需求动机对员工组织外的关系网络建构行为的影响

假设1b提出成就需求动机对员工组织外的关系网络建构行为有显著的影响。结合以上对于成就需求动机的分析，以及组织外的职场员工关系网络建构行为的内涵，本书认为成就需求动机高的员工之所以会花费更多的时间和精力去建立、维护和使用自身的组织外关系网络，主要是他们往往会对自己有更高的任务绩效标准，组织外的关系网络会协助他们获得组织内很难提供的额外支持，如从行业协会中获得的一些最新的行业资讯等。本书的数据检验结果也证实了这一原假设。

（三）权力需求动机对员工组织内的关系网络建构行为的影响

假设2a提出权力需求动机对员工组织内的关系网络建构行为具有正向的影响。根据McClelland等的研究，权力需求动机也是重要的潜在人格特质之一。高权力需求的个体，会试图影响或者控制他人且不受他人控制（McClelland，1975，1987；McClelland & Burnham，1976，2003）。McClelland等在研究中指出，高权力动机的个体喜欢竞争性的环境，会试图影响他人，控制环境和对自己有影响的“作用力”，也往往对于追求领导者的地位格外看重。他们通常了解自己的优势和劣势，并且相信自己的判断能力。权力需求动机高的人，会表现出更多的行为导向，比如，健谈并总是试图控制谈话的主动权，善于提出问题和要求，喜欢发表公开的演讲等。实证研究也发现，权力需求动机高的个体会表现出更多的主动性行为（Crant，2000）。另外，也有学者认为，权力需求动机本来就是一种更加主动性的人格特性，权力需求动机高的个体通常可以快速察觉到他人的行为目的，并更倾向于通过自己的努力来影响和调配各种资源，以达到组织或个人的目标（Heckhausen & Leppmann，1991）。

结合权力需求动机和组织内的职场员工关系网络建构行为的内涵和相关研究，本书认为权力需求动机高的员工会花费更多的时间和精力来实施组织内的职场员工关系网络建构行为，这很可能主要是权力需求动机高的员工会通过主动实施组织内的职场员工关系网络建构行为来达到影响和控制组织内的其他成员，有助于达到组织或个人的业绩目标。本书的数据检验结果也证实了这一原假设。

（四）权力需求动机对员工组织外的关系网络建构行为的影响

假设2b提出权力需求动机对员工组织外的关系网络建构行为有显著的影响，结合以上对于权力需求动机的分析，以及组织外的职场员工关系网络建构行为的内涵，本书认为权力需求动机高的员工之所以会花费更多的时间和精力去建立、维护和使用自身的组织外关系网络，主要是因为他们对于环境的控制有较强的需求，并且也希望在组织外建立自己的权威，从而获得社会和组织的认可。本书的数据检验结果也证实了这一原假设。

（五）亲和需求动机对员工组织内的关系网络建构行为的影响

假设3a提出亲和需求动机对员工组织内的关系网络建构行为具有正向的影响。McClelland等的研究指出，作为潜在人格特质之一的亲和需求动机，是希望与他人建立和谐友好人际关系的需要动机。亲和需求动机高的个体，喜欢更加合作而不是竞争的环境，重视他人感受，期望获得良好人际关系带来的愉悦感（McClelland，1971，1985，1987；McClelland et al.，1976）。McClelland等在研究中指出，亲和需求动机高的个体对人际关系非常敏感，甚至为了避免人际冲突而采取回避、妥协的态度。具体表现在工作中，当组织中的人际关系氛围友好时，会有较高的工作效率，反之则可能会产生焦虑等情绪（Byrne，1961）。也有学者认为，对于亲和需求动机高的个体，与他人的交往是最基本的需要（Pittman & Heller，1987）。

结合亲和需求动机和组织内的职场员工关系网络建构行为的内涵和相关研究，本书认为亲和需求动机高的员工会表现出更多的组织内的职场员工关系网络建构行为，这很可能主要是亲和需要动机高的员工希望能够在一个人际关系更为融洽和谐的组织中工作，他们会因此更加感觉到工作带来的快乐和安全感。本书的数据检验结果也证实了这一原假设。

（六）亲和需求动机对员工组织外的关系网络建构行为的影响

假设3b提出亲和需求动机对员工组织外的关系网络建构行为具有正向的影响。结合以上对于亲和需求动机的分析，以及组织外的职场员工关系网络建构行为的内涵，本书认为对于亲和需求动机高的人，更追求行为实施中的人际互动与交流过程，最后的结果反而不是最重要的。正如我国学者杨国枢（1995）所说，中国人一向注重人际交往中的和谐，维系人际关系本身，就是最终的目的；而寻求社会支持，成为维系关系的重要方式。因此本书认为，对于亲和需求动机高的人，总是会努力去维护一个组织外人际互动的圈子，从中获得更多的职业社会支持。本书的数据检验结果也证实了这一原假设。

（七）组织政治感知对员工组织内的关系网络建构行为的影响

假设4a提出组织政治感知对员工组织内的关系网络建构行为有显著的影响。

根据 Ferris 等的定义，组织政治感知（Perceptions of Organizational Polititics，POP）是组织中的员工对工作环境中自利行为发生程度的个人主观评估，其中包含了个体对这种自利行为的归因（Ferris，Harrell - Cook & Dulebohn，2000；Ferris & Kacmar，1992）。当员工感知到较高的组织政治时，通常也会影响到组织员工的工作态度和行为，如工作投入、工作满意度、组织承诺、工作焦虑、离职倾向等（Ferris，Russ & Fandt，1989；Harrell Cook，Ferris & Dulebohn，1999；Vigoda，2000）。

结合以上对于组织政治感知及组织内的职场员工关系网络建构行为的内涵分析，本书认为组织政治感知高的员工会表现出更多的组织内的职场员工关系网络建构行为。这是因为员工的人际互动行为也会受到组织情境因素的影响（Liden & Mitchell，1988）。高的组织政治感知通常代表员工发现组织中的其他团体或个人为了各自相关团队或个人的利益进行非公开的操作。或者说，组织内资源的配置并不是以公开、透明的正式方式进行的，组织的内部不确定性相对较高，有更多可以进行人为操作的空间。因此，组织政治感知高的员工会更多地通过组织内的职场员工关系网络建构行为来影响、控制企业的决策和利益分配，从而获得其想要的结果。本书的数据检验结果也证实了这一原假设。

（八）组织政治感知对员工组织外的关系网络建构行为的影响

假设 4b 提出组织政治感知对员工组织外的关系网络建构行为有显著的影响。结合以上对于组织政治感知及组织外的职场员工关系网络建构行为的内涵分析，本书认为组织政治感知高的员工会表现出更多的组织外的职场员工关系网络建构行为。这是因为当个体感知到高的组织政治氛围时，会意识到做好自己的本职工作可能并不会获得自己期望的职业利益（如职业晋升）。与此同时，一些非正式的组织外的职场员工关系网络建构行为，会有助于员工获得更多的机会，如通过熟人了解业内的最新职位信息等。本书的数据检验结果也证实了这一原假设。

（九）组织政治感知对员工成就需求动机与员工组织内的关系网络建构行为之间的调节作用

假设 5a 提出组织政治感知越高，员工成就需求动机与组织内的职场员工关系网络建构行为之间的关系就越强。员工的成就需求动机是工作相关重要的个体特质，特质激发理论认为，个体特质对行为的影响作用会受到特质相关情境因素的影响（Tett & Guterman，2000）。

组织政治感知之所以会加强影响员工成就需求动机与组织内的职场员工关系网络建构行为之间的关系，主要是因为在组织政治氛围深厚的情境中，当员工有较高的成就需求动机时，借助于一些非正式的私人方式是十分必要的。为了能够以更高的标准获得职业成功，相对于成就需求动机低的员工，成就需求动机高的员工更倾向于主动去实施组织内的职场员工关系网络建构行为。本书的数据检验结果也证实了这一原假设。

（十）组织政治感知对员工成就需求动机与员工组织外的关系网络建构行为之间的调节作用

假设5b提出组织政治感知越高，员工成就需求动机与组织外的职场员工关系网络建构行为之间的关系就越强。组织政治感知之所以会加强影响员工成就需求动机与组织外的职场员工关系网络建构行为之间的关系，很可能是因为高组织政治感知会让员工感知到复杂、不确定的工作情境氛围。对于成就需要动机高的员工来说，为了降低风险，提高工作的绩效标准或者获得更高的成功，很可能会更主动实施组织外的职场员工关系网络建构行为来获得私人的工作支持，如参加一些专业协会、与朋友讨论工作中的业务问题、解决工作中的困难等。因此，相对于成就需求动机低的员工，成就需求动机高的员工更倾向于主动去实施组织外的职场员工关系网络建构行为。本书的数据检验结果也证实了这一原假设。

（十一）组织政治感知对员工权力需求动机与员工组织内的关系网络建构行为之间的调节作用

假设6a提出组织政治感知越高，员工权力需求动机与组织内的职场员工关系网络建构行为之间的关系就越强。员工的权力需求动机是工作相关重要的个体特质，特质激发理论认为，个体特质对行为的影响作用会受到特质相关情境因素的影响（Tett & Guterman，2000）。

从理论上来说，权力需求动机高的员工追求自身的地位和对于环境的掌控能力，而组织政治氛围高的组织相对而言人为运作的空间较多。因此，本书从理论上分析，组织政治感知会强化权力需求动机与职场员工组织内的关系网络建构行为之间的关系。但是，数据检验结果没有支持这一原假设。分析其中的原因，本书推测有两种可能。第一，组织内的资源配置权力通常会集中于少数人手中（如掌握实权的领导），因此当感知到高组织政治氛围时，权力需求动机高的员工很可能会有针对性地挑选那些掌握资源的人来实施关系网络建构行为，但本书的测量本身没有对此进行区分。第二，从社会认识的角度，对成就、权力的理解并非等同于客观事实，而是人们对它的解释。也就是说，即使在感知到高组织政治氛围时，个人如果把权力的获得归因于自身的努力，则会更专注提升知识和技能，而把权力的获得归因于受到他人掌控时，会更倾向于借助人际互动。因此，归因很可能与感知到高组织政治氛围成为员工实施网络建构行为的三维调节因素。当然，这有待于进一步的实证研究。

（十二）组织政治感知对员工权力需求动机与员工组织外的关系网络建构行为之间的调节作用

假设6b提出组织政治感知越高，员工权力需求动机与组织外的职场员工关系网络建构行为之间的关系就越强。同样地，从理论上来说，当权力需求动机高的员工感知到高组织政治氛围时，为了确保自身利益不受到影响，通常会借助于人际社会支持来影响和控制他人和组织的利益分配。但是，数据检验结果没有支持这一原假设。分析其中的原因，是否权力需求动机高的员工与职场员工组织外的关系网络建构行为的关系有可能也受到其他因素的调节呢？比如，不同岗位的外部资源依赖程度。在一般的企业中，做销售的人员比做财务的人员会更需要借助于组织外的资源来完成工作。当权力需求动机很高的员工从事销售工作时，会比从事财务工作时，更依赖于组织外的人际互动来掌控更多的资源。因此本书预测，岗位的外部资源依赖程度很可能会对权力需求动机和组织外的关系网络建构行为产生调节作用。当然，与假设 6a 类似，也可以探讨归因是否会成为显著的三维调节因素？这有待于进一步的实证研究。

（十三）组织政治感知对于员工亲和需求动机与员工组织内的关系网络建构行为之间的调节作用

假设 7a 提出组织政治感知对于员工亲和需求动机与职场员工组织内的关系网络建构行为之间没有调节作用。亲和需求动机高的个体，人际互动依赖很高，他们往往从融洽的沟通与交流中获得愉悦感。对他们来说，组织政治情境因素并不会显著影响他们的行为。因此，本书认为，亲和需求动机高的员工在实施职场员工组织内的关系网络建构行为时，并不会受到组织政治感知的调节作用。本书的数据检验结果也证实了这一原假设。

（十四）组织政治感知对于员工亲和需求动机与员工组织外的关系网络建构行为之间的调节作用

假设 7b 提出组织政治感知对于员工亲和需求动机与职场员工组织外的关系网络建构行为之间没有调节作用。本书从理论上分析认为，亲和需求动机高的个体为了从自己的人际圈中获得更加友好亲密的关系，会主动建立、维护和使用自己的圈子。对他们来说，组织政治情境因素可能并不会显著影响他们的行为。因此，本书认为，亲和需求动机高的员工在实施职场员工组织外的关系网络建构行为时，并不会受到组织政治感知的调节作用。但是，本书的数据检验结果没有证实这一原假设。数据检验结果显示，组织政治感知对于员工亲和需求动机与员工组织外的关系网络建构行为之间有显著的强化作用。也就是说，当员工感知到高的组织政治氛围时，亲和需求动机和组织外的关系网络建构行为之间的正面关系会被强化。分析其原因，在组织政治氛围高的情境中，亲和需求动机高的员工会感觉到组织内的成员过于功利或者过于目的导向，而并不太在意互动过程中他人的感受，这其实破坏了亲和需求动机高的员工对于人际安全感的需求。因此，对于亲和需求动机高的员工，当感知到浓厚的内部组织政治氛围时，会倾向于把时间和精力用于组织外的关系网络建构行为上。这一数据检验结果，修正了本书原有对于亲和需求动机、组织政治氛围感知和组织外的关系网络建构行为的认识。

二、子研究二的主要研究结论

汇总子研究二的假设检验结果，4 个假设通过了数据检验，具体的相关假设检验结果汇总如表 6－2 所示。

表 6－2　子研究二的相关假设检验结果汇总

序号	原假设的内容	数据检验结果
1	假设 8：职场员工组织外的关系网络建构行为正向影响员工的离职倾向	支持
2	假设 9：职场员工组织外的关系网络建构行为正向影响员工的工作流动性感知	支持
3	假设 10：工作流动性感知在职场员工组织外的关系网络建构行为与离职倾向之间的关系中起着中介作用；职场员工组织外的关系网络建构行为会正向影响员工的工作流动性感知，进而促进了员工的离职倾向	支持
4	假设 11：员工的组织认同越高，工作流动性感知对离职倾向的正向影响就越弱；员工的组织认同越低，工作流动性感知对离职倾向的正向影响就越强	支持

（一）职场员工组织外的关系网络建构行为与员工离职倾向

假设 8 提出职场员工组织外的关系网络建构行为正向影响员工的离职倾向。以社会资本理论为基础，本书认为职场员工组织外的关系网络建构行为会正向影响员工的离职倾向，主要原因是：首先，组织外的关系网络建构行为带来的信息和雇佣机会，可能会促进员工的离职倾向的形成，甚至于这些信息和雇佣机会本身就导致了员工的离职；其次，职场员工组织外的关系网络建构行为导致员工对于组织的依赖感和情感支持需求的降低。因此，本书提出职场员工组织外的关系网络建构行为正向影响员工的离职倾向。本书的数据检验结果支持这一原假设。

（二）职场员工组织外的关系网络建构行为与员工的工作流动性感知

假设 9 提出职场员工组织外的关系网络建构行为正向影响了员工的工作流动性感知。工作流动性感知是指员工感知到的在不同组织间进行流动的容易程度：感知的工作选择性和市场机会越多，则感知的工作流动性越高（Hui et al.，1999），其本质是对于自身工作情境的感知与评价。以社会资本理论为基础，本书认为职场员工组织外的关系网络建构行为正向影响了对工作流动性的感知，主要原因是：首先，员工在实施组织外的关系网络建构行为的互动过程中，会通过交换获得更多的外部信息和资源支持，促进了员工的工作流动性感知（Lin，

1990）；其次，社会关系强化了员工自我状态价值感的感知。因此，本书认为职场员工组织外的关系网络建构行为正向影响了员工的工作流动性感知。本书的数据检验结果也支持这一原假设。

（三）工作流动性感知的中介作用

假设10提出工作流动性感知在员工组织外的关系网络建构行为与离职倾向之间的关系中起着中介作用；员工组织外的关系网络建构行为会正向影响员工的工作流动性感知，进而促进了员工的离职倾向。离职倾向是实际离职行为发生前的最后一个步骤（Mobley，1977）。员工产生了离职的念头后并没有发现合适的机会也很可能会放弃离职的想法；而如果感知到有很多的外部雇佣机会（感知的工作流动性高）时，则很可能会促成离职倾向的形成。因此，结合假设8和假设9所预测的关系，本书提出此假设。本书的数据检验结果支持这一原假设。

（四）组织认同的调节作用

假设11提出员工的组织认同越高，工作流动性感知对离职倾向的正向影响就越弱；员工的组织认同越低，工作流动性感知对离职倾向的正向影响就越强。以组织认同理论为基础，本书认为高组织认同的员工即使发现和觉察到更多的工作流动性，也更倾向于继续留在组织中。反之，低组织认同的员工本身从内心深处就缺乏对组织的归属感，一旦遇到外部新的雇佣机会，很容易促成其产生离职倾向。因此，本书提出此假设。本书的数据检验结果支持这一原假设。

三、子研究三的主要研究结论

汇总子研究三的假设检验结果，四个假设都通过了数据检验，具体的相关假设检验结果汇总如表6－3所示。

表6－3　子研究二的相关假设检验结果汇总

序号	原假设的内容	数据检验结果
1	假设12：职场员工组织内的关系网络建构行为对员工创造力具有正向的影响	支持
2	假设13：资源获取在职场员工组织内的关系网络建构行为与员工创造力之间的关系中起着中介作用	支持
3	假设14：创新内在动机会促进资源获取与员工创造力之间的正向关系，员工的创新内在动机越高，越会增强资源获取对员工创造力的影响	支持
4	假设15：员工的创新内在动机越高，资源获取在职场员工组织内的关系网络建构行为与员工创造力之间所起的中介效应就越强	支持

（一）职场员工组织内的关系网络建构行为与员工创造力

假设 12 提出职场员工组织内的关系网络建构行为对员工创造力具有正向的影响。本书认为主要是因为：首先，借助于职场员工组织内的关系网络建构行为带来的良好人际网络关系，会让员工感知到有更多的资源可以作为支持和后盾，这对员工克服困难、主动解决问题而不是放弃解决是强大的心理支持力量；其次，创造性活动所需要的信息和技能很可能超出员工的能力和资源范畴，因此创新过程中员工往往需要借助于他人的支持。因此，本书提出此假设。本书的数据检验结果支持这一原假设。

（二）资源获取的中介作用

假设 13 提出资源获取在职场员工组织内的关系网络建构行为与员工创造力之间的关系中起着中介作用。首先，本书认为职场员工组织内的关系网络建构行为将会促进员工的资源获取：①日常组织内的关系网络建构行为积累的良好人际网络关系，有助于员工获得处于组织内不同层级和岗位的员工的支持。②社会关系网络会有助于员工获得信任和可靠感，从而可以获得或调用到超越个人自身资本之外的额外资源，进而促进了资源的组合和交换（Tsai & Ghoshal，1998）。其次，本书提出资源获取将有助于员工创造力的提升，这是因为：①有效的资源获取客观上支持了员工的创新。当员工有充足的资源支持，在解决实际问题时更容易借助于资源来克服困难，达成目标。②资源获取也从心理上对员工的创造力有正向的影响。

结合以上两个方面，本书认为员工组织内的关系网络建构行为会正向促进员工的资源获取，而资源获取则对员工的创造力产生正向的影响。以社会资本理论为基础，本书进一步推论：员工组织内的关系网络建构行为对员工创造力的影响可能是通过资源获取的中介作用而实现的。本书的数据检验结果支持这一原假设。

（三）创新内在动机的调节作用

假设 14 提出创新内在动机会促进资源获取与员工创造力之间的正向关系，员工的创新内在动机越高，越会增强资源获取对员工创造力的影响。本书认为，主要原因是：高创新内在动机的个体在获得了资源之后，会更愿意主动地把相关资源用于解决创新中的问题，从而促进了个体创新力的提升；而低创新内在动机的个体即使获得了资源，也缺乏使用相关资源用于创新的热情和动力。因此，本书提出此假设。本书的数据检验结果支持这一原假设。

（四）有调节的中介效应

假设 15 提出员工的创新内在动机越高，资源获取在职场员工组织内的关系网络建构行为与员工创造力之间所起的中介效应就越强。根据假设 14 和假设 15，本书进一步推论，员工的创新内在动机越高，职场员工组织内的关系网络建构行为通过资源获取进而影响员工创造力的正向作用（间接效应，第一阶段影响系数和第二阶段影响系数的乘积）越强。也就是说，资源获取的中介作用受到创新内在动机的调节，是一个有调节的中介效应。因此，本书提出此假设。本书的数据检验结果支持这一原假设。

四、小结

综上所述，本书在文献梳理的基础上，结合了社会资本理论、成就动机理论、组织政治理论、特质激发理论和组织认同理论等相关理论，试图对职场员工关系网络建构行为的影响因素和后果进行实证研究。首先，本书把职场员工关系网络建构行为划分为组织内和组织外两个子维度，并进一步建构了职场员工关系网络建构行为的前因及其影响作用的关系模型。本书的实证部分主要可以分为三个相互关联的子研究，子研究一是职场员工组织内、外的关系网络建构行为的前因研究，子研究二是组织外的职场员工关系网络建构行为对员工离职倾向的影响机制研究，子研究三是组织内的职场员工关系网络建构行为对员工创造力的影响机制研究。本书主要采用调查问卷的方式进行数据的收集，在研究设计上采用多样本、多数据来源及多类型的数据，并使用 AMOS17.0、SPSS18.0 和 HLM6.02 等统计软件进行数据分析。

子研究一为职场员工关系网络建构行为的前因研究。此研究基于成就动机理论、组织政治理论和特质激发理论，研究了个体需求动机、组织政治氛围对职场员工组织内、外关系网络建构行为的影响，并基于进一步对个体需求动机和组织政治氛围的交互作用进行了探讨。在理论论证的基础上，子研究一共提出了 14 条原假设。子研究二探讨了职场员工组织外关系网络建构行为对员工离职倾向的影响机制。此研究基于社会资本理论和组织认同理论，研究了组织外的职场员工关系网络建构行为对员工离职倾向的影响，并进一步探讨了工作流动性感知的中介作用和组织认同的调节作用。子研究二共提出了 4 条原假设。子研究三探讨了职场员工组织内的关系网络建构行为对员工创造力的影响机制。此研究基于社会资本理论和创新理论，研究了组织内的关系网络建构行为对员工创造力的影响，并进一步探讨了资源获取的中介作用和创新内在动机的调节作用。子研究三共提出了 4 条原假设。

本书的主要研究结论有：

第一，在子研究一职场员工关系网络建构行为的前因研究中，数据检验的结果显示，个体需求动机（成就动机、权力动机、亲和动机）、组织政治氛围是职场员工组织内、外的关系网络建构行为显著的预测因素。个体需求动机与组织政治氛围交互作用对职场员工组织内、外的关系网络建构行为部分有显著影响。其中，成就动机与组织政治氛围的交互作用会强化职场员工组织内、外的关系网络建构行为；权力动机与组织政治氛围的交互作用对组织内、外的职场员工关系网络建构行为都没有显著影响；亲和动机与组织政治氛围的交互作用对组织内的关系网络建构行为没有显著影响，但会强化亲和需求动机与组织外的员工关系网络建构行为的正向关系。

从交互作用的数据检验结果来看，成就动机高的个体在感知到高的组织政治氛围时，会更主动地实施组织内、外的职场员工关系网络建构行为；权力动机高的组织政治感知不会显著影响组织内、外的职场员工关系网络建构行为，没有支持本书的原假设。究其原因，本书认为这可能是在组织政治氛围浓重的环境中，权力需求高的员工可能会集中其时间和精力选择少数的组织内、外成员为其行为对象，而不会总体上加强其在组织内、外实施广泛的关系网络建构行为。

同时，亲和动机高的个体在感知到高的组织政治氛围时，对其实施组织内的职场员工关系网络建构行为没有显著的影响，而对于组织外的职场员工关系网络建构行为则起到了强化的作用。本书认为这是因为亲和动机高的个体的核心需求是希望与他人保持一种和谐友好的关系，当感知到高的组织政治氛围时，会减少其以融洽人际环境而实施的组织内关系网络建构行为，但同时作为补偿，反而强化了其在组织外的关系网络建构行为。

第二，在子研究二中，数据检验结果支持了职场员工组织外的关系网络建构行为对员工离职倾向的影响机制模型的所有理论假设。其中，组织外的关系网络建构行为可以显著预测员工的离职倾向，工作流动性感知在其中起完全中介作用；员工的组织认同越高，工作流动性感知与离职倾向之间的正向联系就越弱。本书的结论对于解释和预测员工的离职行为有一定的现实意义。考虑到数据的可得性和研究问题的敏感性（其中子研究二中以个人离职倾向为主要的研究变量，如果是在企业内进行调研，员工在回答问卷时必然有顾虑，很难汇报真实的想法），子研究一和子研究二的数据样本于 2013 年 5 月在某高校的 MBA 学生中进行收集，数据类型为同源、截面数据。与样本数据相匹配，在具体的数据分析中，子研究一和子研究二主要采用数据分析软件 AMOS17.0 和 SPSS18.0 进行相关的假设检验。

第三，子研究三探讨了职场员工组织内的关系网络建构行为对员工创造力的影响机制。此研究采用多时点、多源的数据收集方式，相对而言能更好地避免同源偏差，也有助于更好地揭示变量的前因后果。考虑到研究的问题与员工的创造力有关，子研究三的数据样本来自一家大型上市企业。由于本书数据样本是一名主管评价多名下属的员工创造力，除验证性因子分析采用 AMOS17.0 外，此研究使用多层线型模型分析软件 HLM6.02 来进行跨层级数据的分析，从而保证了假设检验的结论更加准确。结果表明，职场员工组织内的关系网络建构行为可以显著预测员工创造力；资源获取在以上影响关系中起到了完全中介作用；创新内在动机在资源获取和员工创造力之间起到了调节作用，相对于创新内在动机低的员工，创新内在动机高的员工会强化资源获取对员工创造力的影响；同时，资源获取的中介作用受到创新内在动机的调节，是一个有调节的中介效应。

第二节　理论贡献

本节先分别对三个子研究的理论贡献进行具体陈述，最后总结本书整体的理论贡献。

一、子研究一的主要理论贡献

尽管基于职场的研究发现，员工关系网络建构行为会有助于个体获得更多的信息、职业指导和帮助，从而显著地促进了员工的职业发展，如晋升、薪水增长及预测上级评定绩效等，然而，究竟是什么样的员工更愿意去实施关系网络建构行为？对此我们还知之甚少。以成就需求动机理论、组织政治理论和特质激发理论为基础，子研究一探讨了个体需求动机、组织政治感知及其交互对职场员工组织内、外的关系网络建构行为的影响。

第一，在研究中发现，成就需求动机、权力动机和亲和动机对于员工的组织内、外的关系网络建构行为都有显著的预测力。首先，这表明实施职场员工组织内、外的关系网络建构行为的员工有特定的动机需求，这一研究结果是对成就需求理论研究的拓展。其次，这一结果很好地呼应了西方关于政治行为的相关研究结果。Teadway 等在研究中发现，政治动机（成就需求动机和内在动机）会对个体的政治行为有显著的影响（Treadway，Hochwarter & Kacmar et al.，2005），在 Teadway 等看来，那些更多关注团队或个人（而不是组织）的非正式的利己主义行为都属于政治行为，而员工的关系网络建构行为也类似于某种政治行为，因此也会受到职业动机的影响。

第二，本书的研究表明，员工感知到的组织政治越高，越倾向于实施职场员工组织内、外的关系网络建构行为。这其实说明无论是在西方还是在东方的组织情境中，当员工感知到更多的不确定性和模糊性，就会为员工依赖于一些私人的非正式方式获取利益创造更多的组织“温床”（Drory，1993；刘军等，2008）。

同时，这一实证结果也表明，职场员工组织内、外的关系网络建构行为的产生很可能受到组织情境因素的影响。在组织政治氛围浓厚的环境中，员工可能投入更多的时间和精力用于保障自身的利益，而不是专注提升技能和组织业绩。

第三，研究也表明，职场员工组织内、外的关系网络建构行为的产生可能受到个体动机需求和组织政治感知的交互调节影响。在此研究中发现，当员工感知到较高的组织政治感知时，会强化员工成就需求动机对职场员工组织内、外的关系网络建构行为的正向影响，同时也强化了员工亲和需求动机对职场员工组织外的关系网络建构行为的正向影响。这表明，同时考虑组织情境和个体动机特质，会有助于更好地理解职场员工组织内、外的关系网络建构行为发生的机制。

二、子研究二的主要理论贡献

子研究二的研究结论对理论研究的贡献主要有以下三个方面：第一，著名的社会资本理论创造人之一、美国新经济社会学家林南（1999）在研究中指出，社会资本是“可以通过个人直接或间接的关系而获得的资本”，其本身是人类能动性的表现，但社会资本的作用本身并不包含价值的判断。这说明，社会资本理论的相关研究除了关注其能产生积极作用的一面外，其消极的因素也是不容忽视的。国内学者郭毅在其参与编著的《社会资本与管理学》中也呼吁，对于社会资本的研究，应关注行动者如何通过人际互动来获得本来不属于自我控制下的社会资源以达到其行动的目的。同时作者也指出，探讨如何将行动者的社会资本向良性方面转化，也是一个值得研究的议题（郭毅、罗家德，2007）。本书的研究，很好地拟合了社会资本的相关理论，并实证检验了组织外的职场员工关系网络建构行为对企业可能产生的不良影响以及如何削弱其不良影响，这为社会资本理论的研究开创新的研究视角提供了实证依据。

第二，Wolff 等（2008）在其研究展望中指出，关于组织外的职场员工关系网络建构行为的研究应当更多地去关注其对员工影响的相关机制。作为对这一倡议的呼应，本书结合社会资本理论和社会认同理论对组织外的职场员工关系网络建构行为的机制进行了探索。本书结果显示，组织外的职场员工关系网络建构行为对于员工离职倾向的影响是通过工作流动性感知完全中介的，同时，组织认同显著地调节了工作流动性感知与员工离职倾向的作用。这一研究结果有助于人们深入认识组织外的职场员工关系网络建构行为的作用过程。

第三，本书研究表明组织外的职场员工关系网络建构行为是中国组织情境中有显著预测力的变量，它实际上影响了员工对自己工作情境的构念（工作流动性感知），并正向影响了员工的工作态度（离职倾向）的产生。这一研究结果与基于西方组织情境的研究结果具有相似之处（McCallum，2008；Wolff & Moser，

2010)，这表明组织外的职场员工关系网络建构行为是一种跨文化、普适性的现象，它会对员工的自我认知和工作态度产生显著的影响。

三、子研究三的主要理论贡献

子研究三的研究结论主要的理论意义有以下三个方面：

第一，研究发现员工组织内的关系网络建构行为对员工的创造力具有显著的正向影响，这一研究发现也丰富了职场员工关系网络建构行为的后果研究。

第二，研究发现组织内的关系网络建构行为对员工创造力的影响不是直接的，而是通过资源获取的中介作用实现的。这一研究结论不仅直接回应了国内学者郭毅等（2007）呼吁的未来关于社会资本的研究应该更多关注行动者是如何通过人际互动来获得本来不属于自我控制下的社会资源以达到其行为目的的，而且还证实了社会资本理论的一个重要的观点：人际互动行为对于结果（如员工创造力）的影响往往是通过影响嵌入其社会网络中的社会资源来实现的（Lin，1990）。

第三，研究样本来源于中国企业的员工。目前，职场员工关系网络建构行为和员工创造力的研究大多集中于西方，还未见公开发表的基于中国组织情境的研究。此研究结论将有助于扩充对中国企业中职场员工关系网络建构行为和员工创造力的认识，从而能为开拓具有本土特色的组织行为理论积累更多的证据。

四、小结

总体而言，本书的理论贡献可以归纳为四个方面：

第一，之前的相关研究更多关注变量间的因果关系，而对于理论的解释还有所欠缺。本书的研究领域虽然是企业管理，主要研究职场员工关系网络建构的前因及其影响作用，但在理论使用方面结合了社会学的社会资本理论、心理学的成就需求动机理论及管理学的组织政治理论、组织认同理论等来解释员工关系网络建构行为的前因及影响作用机制，这对于揭示职场内的员工关系网络建构行为前因和影响过程是新的探索，对于相关理论的跨学科应用会产生一定的价值。

第二，从组织的视角来探索员工组织内、外的关系网络建构行为的影响范围。之前的研究多集中于员工的视角，更多关注员工是否从中获益，而很少从组织的视角来分析其更多的影响作用。子研究二中，首先证实组织外的关系网络建构行为会促进员工的工作流动性感知，并进而显著地提升了员工的离职倾向，对组织而言，员工的离职可能会带来巨大的损失，对组织而言，是“坏”的影响，为了干预这一影响，本书加入了“组织认同”这一调节变量。实证结果表明，组织认同会弱化员工的工作流动性感知对于离职倾向的影响。这一结果是从组织的视角来看待职场员工组织外的关系网络建构行为所产生的作用，并分析了员工“组织认同”是有效的干预因素。另外，在本书的子研究三中，选择了员工创造力这一结果变量，这对于研究关系网络建构行为的影响作用范围是一次新的探索。研究结果表明，作为员工自发的、非正式行为，员工的职场关系网络建构行为事实上促进了其创造力的提升。结合相关创造力的研究，可以说实际上这一非正式的行为（关系网络建构行为）对组织而言，是有显著的正向产出的。也就是说，对组织而言，如果可以促进更多的内部关系网络建构行为，会加强员工的创造力提升。

第三，相关理论和影响机制的探讨，推进了对于关系网络建构行为前因后果的影响过程认知。例如，在职场关系网络建构行为的前因研究中，本书首先研究了成就需求动机、权力需求动机、亲和需求动机和组织政治感知对于职场员工关系网络建构行为的影响，更进一步，基于特质激发理论，探讨了成就需求动机、权力需求动机、亲和需求动机和组织政治感知的交互作用对员工组织内、外的关系网络建构行为的影响。从实证结果来看，同时考虑组织情境和个体动机特质，会有助于更好地理解组织内、外的关系网络建构行为发生的机制。

第四，是国内开拓性的实证研究，同时为组织内、外的关系网络建构行为的跨文化及普适性研究提供了实证依据。

第三节　管理启示

结合相关理论，本书研究了职场员工关系网络建构行为的前因及其影响作用，主要可以分为三个相互关联的子研究：第一，子研究一是职场员工关系网络建构行为的前因研究；此研究基于成就动机理论、组织政治理论和特质激发理论，研究了个体需求动机、组织政治氛围对职场员工组织内、外的关系网络建构行为的影响，并基于进一步对个体需求动机和组织政治氛围的交互作用进行了探讨。第二，子研究二是职场员工组织外的关系网络建构行为对员工离职倾向的影响机制研究。此研究基于社会资本理论和组织认同理论，研究了组织外的职场员工关系网络建构行为对员工离职倾向的影响，并进一步探讨了工作流动性感知在其中所起到的中介作用和组织认同在其中所起到的调节作用。第三，子研究三是职场员工组织内的关系网络建构行为对员工创造力的影响机制研究。此研究基于社会资本理论和创新理论，研究了组织内的职场员工关系网络建构行为对员工创造力的影响，并进一步探讨了资源获取在其中所起到的中介作用和创新内在动机在其中产生的有调节的中介作用。以下分别对各子研究的主要管理启示进行具体叙述：

一、子研究一的主要管理启示

结合子研究一的研究结论，对于实践的意义主要有以下两个方面：

第一，成就需求动机、权力需求动机和亲和需要动机是职场员工组织内、外的关系网络建构行为的显著预测因素，这其实可以解释什么类型的员工会主动实施组织内、外的职场员工关系网络建构行为，也就是说“谁更热衷于职场人际关系行为”。对于企业来说，这一研究结论会有助于企业进行岗位配置。比如，那些需要更多人际对内、对外沟通和协调的岗位，在招聘和选拔时，可以对员工进行相关成就需求动机的测评，把相关需求动机更高的员工推荐到适合的岗位上。

但是，需要引起注意的是，三种需求动机的员工在从事职场员工关系网络建构行为时的目的是有差异的。具体来说，我们建议那些需要长时间、高强度、高标准要求的工作岗位，如果需要更多的组织内、外人际互动才能获得更多的支持（如某些项目团队中的研发经理），建议首先考虑有更高成就需求的员工；相对而言，那些竞争性强、不确定因素高、有决策或控制权限的工作岗位，如果需要更多的组织内、外的人际互动（如某些企业中的销售主管岗位），建议首先考虑有更高权力需求动机的员工；而那些非竞争性的、较少冲突、关注他人感受的工作岗位，如果需要借助于组织内、外的人际互动（如某些银行的柜台人员），建议首先考虑有更高亲和需求动机的员工。当然，三种需求动机之间并不矛盾，只是不同的个体会有所倾向，一种需求动机高并不一定代表其他的低。或者说，有的人很可能三种需求动机同时都很高。比如，我们熟悉的百度掌门人李彦宏和新东方的掌门人俞敏洪，很可能就是三种需求动机都很高的人。相对而言，有一些岗位，比如电视主持人，通常都是成就动机和亲和动机较高而权力动机较低，比如央视著名主持人朱军很可能就是这样的范例。因为很多电视主持人的主要工作职责是为了在节目中起到穿针引线的作用，不能过度关注自己的表现。因此，还需要结合具体的岗位要求进行综合考量。

第二，研究发现组织政治感知会预测员工的职场员工组织内、外的关系网络建构行为。结合已有研究，组织政治感知高的员工有明显的消极影响，更容易降低对组织的承诺、组织的满意度、减少组织公民行为等（Ferris et al.，2000；Kacmar & Baron，1999）。其原因很可能是组织政治感知，代表了员工对于组织中权术运作氛围的评价。当感知到高的组织政治氛围时，员工会认为资源配置和利益分配并不是公开公平、过程透明的，会潜在大量人为操作的因素。因此，为了保全自身的利益，员工往往会把更多的精力和时间用于非正式的、自我职业利益导向的行为上（如本书中的职场员工组织内、外的关系网络建构行为），而不是去努力提高工作标准和组织的绩效。因此，创造良好的组织氛围，建立公平、公开的考评体系和监督体系，是提升员工工作效率的有效方法之一。

二、子研究二的主要管理启示

子研究二的研究结论对于实践意义主要有以下两个方面：

第一，子研究二的实证研究结果表明组织外的职场员工关系网络建构行为会加强员工对于工作流动性的感知，并进而促进了员工离职倾向。因此对于组织而言，那些存在大量组织外社交行为的岗位（如公关、市场与销售人员）和职位（各级管理者），要注意做好对外交往活动中的控制，如在员工对外交往时强调以工作任务为核心，减少对外工作环节中的私人感情依赖。其实现实中相关的例子比比皆是，如那些涉及了大量客户资源的员工往往成为竞争对手争相“挖墙脚”的对象。企业如果没有采取良好的控制和防御措施，往往会陷入被动之中。另外，组织可注意加强这些岗位和职位的后备人才储备，以防不时之需。

第二，本书的研究发现，组织认同显著地削弱了员工感知的工作流动性对离职倾向的影响，这说明组织认同是显著的干预因素。因此，为了留住那些企业所需的核心员工，可以努力提升员工对组织的认同。这很好地应对了本书在企业管理中的一句俗语“留人留心”。大量关于组织认同的研究表明，企业可从组织层面（如企业声誉、组织特色等）及个人层面（如任职年限、新鲜感、职业培训、工作满意度等）进行相关的改善与提升（Riketta，2005），从而促进企业与员工的双赢。

三、子研究三的主要管理启示

员工的创造力是企业生存和发展的基础。如何创造出良好的工作氛围，使员工充分地发挥其创造性是企业必须认真思考的问题。子研究三的研究结果表明，组织内的职场员工关系网络建构行为会增强员工的资源获取，进而增强了员工创造力。因此，提升员工创造力的一个有效的方式便是促进更多的员工组织内的关系网络建构行为。为此，本书建议组织从制度、文化等多方面入手努力营造相互交流与合作的组织氛围，建立企业内部员工互动与交流的平台和机会。例如，定期组织员工的专业性的技术交流活动，或经常举办一些联谊性的非正式聚会等。同时，在招聘和选拔有较高员工创造力要求的岗位时，企业要考虑员工的性格特点和行为倾向。那些不愿意与他人交流与合作的员工，其员工创造力可能会因此而受到限制。

研究表明资源获取在员工组织内的关系网络建构行为与员工创造力之间起到

了完全中介的作用。这说明员工组织内的关系网络建构行为对于员工创造力的影响是通过资源获取来实现的。结合企业的管理实践，本书建议企业也可以为有较高创造力要求的岗位员工多方面提供相关资源的支持，如建立良好的资源交换平台和资源配置渠道。

第四节　研究局限及未来研究方向

在社会资本理论、成就需求动机理论等相关理论基础上，本书对职场员工关系网络建构行为的前因和后果进行了实证研究。以下对三个子研究的研究局限及未来研究方向分别进行具体陈述：

一、子研究一的研究局限和未来研究方向

第一，本书存在重要数据的同源及单次时点问题。虽然本书从统计上检验了同源方法方差（Common Method Bias）的影响，但是同源且单次时点的样本对于检验变量间的因果关系（Causal Relationships）有一定的局限性。后续研究在有可能的情况下，应尽可能采用多次或者追踪的数据样本。

第二，本书结合了特质激发理论、需求动机理论和组织政治理论，探讨了成就需求动机、权力需求动机、亲和需求动机和组织政治感知对职场员工组织内、外的关系网络建构行为的影响，并进一步验证了组织政治感知的调节作用。但职场员工组织内、外的关系网络建构行为可能受到多种多样的影响，后续的研究可以尝试从不同的理论视角出发对职场员工关系网络建构行为的前置因素进行探索。如组织公平感知代表了员工对于组织内资源配置过程及结果公平的评价（Colquitt et al.，2001），当组织相对公平时，员工是不是会显著减少关系网络建构行为？

第三，基于数据检验的结果，组织政治感知并不能显著影响权力需求动机与职场员工组织内、外的关系网络建构行为的正向作用。本书在进行结论分析时指出目前关于关系网络建构行为的测量并没有对实施对象进行区分，后续的相关研究可以考虑把组织内的实施对象区分为领导和同事，很可能得出更有趣的研究结果。另外，本书预测对于员工需求动机与职场关系网络建构行为的关系之间，也很可能存在其他的调节因素，或者会有三维调节因素。比如在结论分析中提到的员工对于职业成功的归因（更多是业绩还是人际互动）是否会起到调节作用？后续的研究可以进行分析验证。

二、子研究二的研究局限和未来研究方向

第一，与子研究一相同，子研究二的一个重要不足在于数据的同源及单次时点采样，对于检验变量间的因果关系（Causal Relationships）有一定的局限性。后续的研究在条件许可的情况下，应尽可能采用多时点的方式进行数据采集。

第二，本书采用的变量测量工具均来自西方的研究文献。虽然在本书中，各个变量的信度和效度都达到了管理学中可接受的水平（超过 0.7），但更加严谨的做法是通过前验对西方的量表进行修订或开发出适合我国组织情境的量表，从而使变量的测量和研究的结果更加准确。

第三，尽管本书从社会资本理论和社会认同理论出发，探讨了员工感知的工作流动性和组织认同的中介机制和调节机制，但职场员工组织外的关系网络建构行为对于员工离职倾向的影响路径可能是多种多样的，后续研究可以尝试从不同的理论视角出发对职场员工关系网络建构行为的中介作用机制进行探索。近年来，社会嵌入理论在解释员工离职行为方面的作用正受到学术界越来越多的关注，职场员工组织外的关系网络建构行为是否影响到员工的组织嵌入（如带来了更多的连接），并进而影响员工的离职行为呢？后续的研究可以进行这方面的探索。

第四，在本书中，仅仅探讨了员工的组织认同对于职场员工组织外的关系网络建构行为作用过程的权变影响。但事实上，影响职场员工组织外的关系网络建构行为作用过程的因素很可能是多种多样的，除了个人层次外（如本书中的组织认同），是否有可能组织因素也具有显著的调节影响。例如，在不同领导风格的团队里，职场员工组织外的关系网络建构行为对员工的离职倾向可能会产生差异化的影响。

三、子研究三的研究局限和未来研究方向

相对于子研究一和子研究二，子研究三的一个重要优势体现在研究设计的严谨性上：采用了多源、多时点、跨层的研究设计，因而较为有效地减低了同源方差的影响，使结果更加贴合现实。同时，考虑到本书是由一名领导评价多名下属，采用了多层线型模型检验软件 HLM 对假设进行了检验。由于在数据检验中，同时控制了领导的人口统计变量的影响，因此是更为严谨的数据检验方法，研究结果会更为真实可靠。

本书的局限之处主要有三个方面：第一，受研究广度的限制，仅仅研究了职场员工组织内的关系网络建构行为对员工创造力的影响及中介作用机制研究，虽然有研究表明，组织内的关系网络建构行为在资源获取方面要优于组织

外的资源获取（Michael & Yukl，1993），但不可忽视的是，组织外的关系网络建构行为同样可以获得资源，并且有可能与组织内获得的资源存在差异性和不可替代性，这些资源对员工创造力是否有显著的影响作用，尚有待于进一步的实证验证。因此，后续研究可对比考察组织内、外的职场员工关系网络建构行为对于员工创造力的影响，并可进一步探索在我国组织情境下其他的中介机制和调节机制，以更好地明确职场员工关系网络建构行为对员工创造力的影响机制。第二，子研究三对于主要研究变量职场员工组织内的关系网络建构行为的测量采用了与子研究一和子研究二不同的量表，虽然在样本一的调研问卷中两者的相关系数达到0.78，从统计上来讲两者可被认为是无显著差异的。但是，严格来说，不同的量表即使有高度相关（超过0.7），还是有可能对结果变量产生不同的影响。因此，更为严谨的做法，则是在相关系列研究中，采用统一的量表。第三，本书的样本来源于一家大型的国内上市企业，虽然这样做能有效控制行业和企业类型因素的影响，提升研究的内部效度，但也在一定程度上抑制了研究的外部效度，后续研究可对更广泛的行业和地区进行调查，以进一步验证本书结论的外部效度。

四、小结

本书从理论上建构了职场员工关系网络建构行为的前因及其影响作用模型，分为三个子研究进行了理论假设，并采用两个不同类型的样本对其进行了实证研究。总体来说，由于受到各种主客观原因的限制，还存在三个方面的不足之处：第一，子研究一和子研究二的样本为单次时间、同源的数据，这对于检验变量间的因果关系有局限性；未来的研究在条件许可的情况下，应尽可能采用多时点的方式进行数据采集。第二，本研究的子研究一中有三个假设没有成立，这引发了笔者对此进一步深入研究的兴趣。如后续的研究可以尝试把职场关系网络建构行为的对象进行细分，以验证本书的猜测。第三，子研究三中在探索职场员工关系网络建构行为对员工创造力的影响时，只关注了组织内的关系网络建构行为，但从理论上推理，组织外的关系网络建构行为也同样会为员工带来更多的资源，这些资源是否也将促进员工创造力的提升？后续的研究可考虑同时对比检验职场员工组织内、外的关系网络建构行为对员工创造力的提升。第四，受研究广度的限制，本书对于职场员工组织内、外的关系网络建构行为影响后果的机制研究主要基于社会资本理论。后续的研究可以从更多的理论视角进行拓展，以丰富职场员工组织内、外的关系网络建构行为的影响后果。如关系网络建构行为本身也是员工的主动性行为，因此是不是会提升员工所在团队的产出？另外，关系网络建构行为本身是带有“工具性自我服务”特色的，这是否会影响组织的公平？

第五节 全书小结

本书在文献梳理的基础上，主要结合了社会资本理论、成就需求动机理论、特质激发理论等相关理论，对职场员工关系网络建构行为的影响因素和作用后果进行了实证研究。本书参照已有研究，把职场员工关系网络建构行为划分为组织内和组织外两个子维度，建构了职场员工关系网络建构行为前因及其影响作用的关系模型。具体来说，本书的实证部分主要可以分为三个相互关联的子研究，子研究一是职场员工关系网络建构行为的前因研究，子研究二是职场员工组织外的关系网络建构行为对员工的离职倾向的影响机制研究，子研究三是职场员工组织内的关系网络建构行为对员工创造力的影响机制研究。最后，讨论了研究的理论与实践意义、研究的局限性以及对未来研究的展望。

附　　录

附录一

问卷编号：________

职场员工关系网络建构行为的前因及其对员工离职倾向研究的调研问卷

亲爱的同学：

您好！您现在看到的是一份用于学术研究的问卷，所有的答案都没有对错之分，请您尽可能提供客观的真实想法和感受。数据处理过程由研究人员严格遵照科研的保密原则独立完成。本研究不会在任何时候公开您个人和企业的具体信息。

回答问卷大约会占用您 15 分钟的时间。您的认真填写将会对研究的结果起到非常重要的作用，请给予支持，谢谢！

第一部分　问卷

一、以下是关于您在单位里与同事之间的人际互动行为的描述，请在每个陈述后最能代表您真实情况的数字（1～6）上打钩（请注意这里所指的“同事”，包括组织内的所有成员）	基本没有	很少	有时	一般	时常	总是
1. 在单位里，我会与认识的同事主动打招呼	1	2	3	4	5	6
2. 通过单位里组织的活动，我与新同事建立了联络	1	2	3	4	5	6
3. 通过组织活动或出差旅游，我认识了一些新的同事	1	2	3	4	5	6
4. 如果在正式的会议中遇到新的同事，我会主动介绍自己（会前或会后）	1	2	3	4	5	6

续表

一、以下是关于您在单位里与同事之间的人际互动行为的描述，请在每个陈述后最能代表您真实情况的数字（1～6）上打钩（请注意这里所指的“同事”，包括组织内的所有成员）	基本没有	很少	有时	一般	时常	总是
5. 如果恰好遇到我不认识的单位同事，我会主动与他/她建立联络关系	1	2	3	4	5	6
6. 如果想要认识对我非常重要的专业人士，我会主动介绍自己	1	2	3	4	5	6
7. 当其他部门的同事向我寻求业务支持时，就算不是分内的工作，我也会帮助他/她	1	2	3	4	5	6
8. 在午休时，我会与其他部门的同事讨论工作问题	1	2	3	4	5	6
9. 当有一些事情涉及其他部门的同事，我会简短打电话（或短信等方式）告诉他/她	1	2	3	4	5	6
10. 即使不是工作时间，我也会与其他部门的同事讨论工作中的事	1	2	3	4	5	6
11. 如果有同事在某个难题上帮助了我，我会在问题全部解决之后马上告诉他/她最终的结果	1	2	3	4	5	6
12. 我知道其他部门的同事在忙些什么	1	2	3	4	5	6
13. 如果不能直接帮助到其他部门的同事，我也会留意他/她的事情	1	2	3	4	5	6
14. 即使其他部门的同事正在忙于工作，我也可以与他/她商议事情	1	2	3	4	5	6
15. 当工作要求或相关文件没有说清楚时，我会向同事进行确认	1	2	3	4	5	6
16. 我会与其他部门的同事讨论单位即将发生的一些变化	1	2	3	4	5	6
17. 通过我与单位同事的关系，我可以获得一些非公开的业务建议	1	2	3	4	5	6
18. 当听说其他部门有我感兴趣的职位空缺，我会向可能知道更多信息的同事打探消息	1	2	3	4	5	6
19. 当需要了解一些敏感问题时，我倾向于向可靠的同事打探更多的信息	1	2	3	4	5	6
20. 当对工作方案不清楚时，我会向可靠的同事再次核实相关内容	1	2	3	4	5	6
21. 我请其他部门的同事关注有关于我的相关信息	1	2	3	4	5	6
22. 在非正式场合，我会与其他部门的同事交流工作技巧和隐性规则	1	2	3	4	5	6
二、以下是关于您与单位外的熟人之间的人际互动行为的描述，请在每个陈述后最能代表您真实情况的数字（1～6）上打钩（请注意这里所指的“熟人”，可能是您的客户、供应商、同学或者亲朋好友）	基本没有	很少	有时	一般	时常	总是
23. 担任荣誉职务（如专业协会的非报酬职务），会有助于我的职业发展	1	2	3	4	5	6
24. 为了获得更多的私人关系，我会在组织外发展非正式的人际关系	1	2	3	4	5	6
25. 我会参加专业协会（组织）会议	1	2	3	4	5	6

续表

二、以下是关于您与单位外的熟人之间的人际互动行为的描述，请在每个陈述后最能代表您真实情况的数字（1~6）上打钩（请注意这里所指的“熟人”，可能是您的客户、供应商、同学或者亲朋好友）	基本没有	很少	有时	一般	时常	总是
26. 我是专业协会（组织）中的积极分子	1	2	3	4	5	6
27. 通过出差和培训，我建立了新的人际联络	1	2	3	4	5	6
28. 出于职业兴趣，我会参加官方活动或庆典	1	2	3	4	5	6
29. 当结识了某位对我来说有重要业务联系的人时，我会与之探讨共同的业务领域问题	1	2	3	4	5	6
30. 在工作之余，我会约见（单位之外的）熟人一起聚会	1	2	3	4	5	6
31. 当获得可能对（单位之外的）熟人很重要的非正式信息时，我会告知他/她	1	2	3	4	5	6
32. 我请别人给我的（单位之外的）熟人提供更多业务上的关照	1	2	3	4	5	6
33. 参加休闲聚会结识的（单位之外的）熟人，对我的职业发展产生了重要作用	1	2	3	4	5	6
34. 我通过单位之外的私人交情，获得了工作中的建议	1	2	3	4	5	6
35. 因为工作原因，我会与以前的同事保持联系	1	2	3	4	5	6
36. 在组织外的业务活动（如贸易展览、会议等）中，我会与以前结识的熟人私下进行业务会谈	1	2	3	4	5	6
37. 在进行薪酬交涉前，我会向（单位之外的）熟人咨询相关职位的平均收入	1	2	3	4	5	6
38. 工作之余，我也会与（单位之外的）熟人讨论业务问题	1	2	3	4	5	6
39. 当对业务要求或相关文件不清楚时，我会向（单位之外的）熟人进行确认	1	2	3	4	5	6
40. 如果约见（单位之外的）熟人，我会从他/她那里获得职业发展的最新资讯	1	2	3	4	5	6
41. 我与（单位之外的）熟人交流工作技巧和隐性规则	1	2	3	4	5	6
42. 当听说其他单位有我感兴趣的职位空缺时，我会向可能知道更多信息的熟人（单位之外）打探消息	1	2	3	4	5	6
43. 在工作相关的事宜中，我信任（单位之外的）熟人	1	2	3	4	5	6
44. 当我不能解决工作中的问题时，我会向（单位之外的）熟人请教	1	2	3	4	5	6

续表

三、以下是关于您个人需求动机的叙述，请在每个陈述后最能代表您真实情况的数字（1～6）上打钩	非常不同意	不同意	不太同意	一般	同意	非常同意
45. 我喜欢面对工作中的挑战	1	2	3	4	5	6
46. 为了完成工作，我愿意承担风险	1	2	3	4	5	6
47. 我会主动去设定和完成可行的工作目标	1	2	3	4	5	6
48. 我从完成艰巨的工作中获得满足感	1	2	3	4	5	6
49. 我希望别人按照我的方式做事情	1	2	3	4	5	6
50. 我愿意领导和掌控别人/他人	1	2	3	4	5	6
51. 我喜欢在竞争中获胜	1	2	3	4	5	6
52. 如果不同意别人的意见，我会说出来	1	2	3	4	5	6
53. 观察别人的喜好，是我能想到最有乐趣的事情之一	1	2	3	4	5	6
54. 和别人在一起，了解别人，是我能想到最有意思的事情之一	1	2	3	4	5	6
55. 亲近别人、倾听别人，并与他们建立一对一的关系，是我最喜爱的休闲方式之一	1	2	3	4	5	6
56. 能够与自己喜欢的人成为好朋友，是我最满足的事情	1	2	3	4	5	6
57. 能够亲近别人，是我感觉最有成就感的事情	1	2	3	4	5	6
58. 当别人不同意我的意见时，我会考虑改变自己的立场	1	2	3	4	5	6
四、以下是关于您单位政治氛围的叙述，请在每个陈述后最能代表您感受的数字（1～6）上打钩	非常不同意	不同意	不太同意	一般	同意	非常同意
59. 在我的单位，努力工作的员工能够得到相应的回报	1	2	3	4	5	6
60. 在我的单位，经常提升那些工作出色的员工	1	2	3	4	5	6
61. 在我的单位，薪酬和晋升标准很完善	1	2	3	4	5	6
62. 员工清楚地知道单位的薪酬和晋升政策	1	2	3	4	5	6
63. 本单位领导鼓励员工坦率直言，哪怕是对权威观点的批评	1	2	3	4	5	6
64. 管理者和下属交流是为了提高自身形象	1	2	3	4	5	6
65. 人们觉得管理者仅仅从表面上帮助他人	1	2	3	4	5	6
66. 当有好处时，同事才会伸出援助之手	1	2	3	4	5	6
67. 在我的单位，人人自扫门前雪	1	2	3	4	5	6
68. 管理者运用单位内的各种政策为他们自身发展服务	1	2	3	4	5	6
69. 需要仔细考虑不能和哪些人作对	1	2	3	4	5	6

续表

四、以下是关于您单位政治氛围的叙述，请在每个陈述后最能代表您感受的数字（1~6）上打钩	非常不同意	不同意	不太同意	一般	同意	非常同意
70. 在我的单位，通常是得宠的人而不是有才能的人能够出人头地	1	2	3	4	5	6
71. 通常只是少数人能从单位的政策变化中受益	1	2	3	4	5	6
72. 在我的单位，某些小团体可以为所欲为	1	2	3	4	5	6
73. 如果你找对了人，就能得到想要的一切	1	2	3	4	5	6
74. 通常是“会叫的孩子有奶吃”	1	2	3	4	5	6
五、以下是关于您对于换工作想法的叙述，请在每个陈述后最能代表您感受的数字（1~6）上打钩	非常不同意	不同意	不太同意	一般	同意	非常同意
75. 明年我想要换一份新的工作	1	2	3	4	5	6
76. 我经常想要辞去目前的工作	1	2	3	4	5	6
77. 如果有可能，我很想去找一份新的工作	1	2	3	4	5	6
78. 如果辞去工作，我可以找到另一份差不多的工作	1	2	3	4	5	6
79. 如果辞去工作，再找到另一份满意的工作不成问题	1	2	3	4	5	6
六、以下是关于您对于组织认同的叙述，请在每个陈述后最能代表您感受的数字（1~6）上打钩	非常不同意	不同意	不太同意	一般	同意	非常同意
80. 我感觉我与单位有很强的联系	1	2	3	4	5	6
81. 我对单位有强烈的归属感	1	2	3	4	5	6
82. 我很自豪能为单位工作	1	2	3	4	5	6
83. 我非常感谢我的单位	1	2	3	4	5	6
84. 我很高兴作为本单位的一员	1	2	3	4	5	6

第二部分　基本信息

1. 您的学号：____________________
2. 您的年龄：______岁
3. 您的性别：□男　□女
4. 您的婚姻状况：□未婚　□已婚（是否有孩子：□无　□有）

5. 您目前所在的单位类型：

□政府　□事业单位　□国有企业　□民营企业　□其他

6. 单位人数：

□1 万人以上　□2000 ~ 1 万人　□250 ~ 2000 人　□50 ~ 250 人　□50 人以下

7. 您的工作部门：

□行政/后勤　□人力资源　□财务　□技术　□营销　□生产/制造

□其他__________________

8. 您的职位级别：

□基层员工　□基层经理　□中层经理　□高层经理　□总裁/CEO

9. 您的累计工作时间：_________年，

其中在目前这家单位的工作时间：_________年。

问卷部分回答完毕，请您再次核实没有遗漏题项。如果您对此项研究的结论感兴趣，请在此留下您的电子邮箱，我们将给您发送一份电子版的研究报告。邮箱：____。

附录二

问卷编号：_______

职场员工关系网络建构行为对员工创造力影响的调研问卷

第一次调研问卷（员工填写）

尊敬的女士/先生：

您好！

您现在看到的是一份用于学术研究的问卷，希望能切实了解您对自己工作的相关内容的评价。调研问卷分两部分填写，本次是第一次调研。所有的答案都没有对错之分，请您尽可能提供客观的真实想法和感受。本研究会按照科研的惯例，把您的答案和其他的调研问卷答案汇总进行统计分析，数据处理过程由研究人员严格按照科研的保密原则独立完成。本研究不会在任何时候公开您个人和企业的具体信息。回答全部问卷大约占用您 20 分钟的时间。本问卷附有一个信封，请您填完之后将问卷装进信封并密封，然后交给相关责任人。

您的认真填写会对研究的结果起到非常重要的作用，谢谢！

以下是关于您对于组织内部职场员工关系网络建构行为的叙述，请在每个陈述后最能代表您感受的数字（1～5）上打钩	从来不	很少	有时	频繁	非常频繁
1. 祝贺他人获得升迁、奖励或特别的成就	1	2	3	4	5
2. 参加组织中的会议、仪式或其他社会活动	1	2	3	4	5
3. 与其他部门的员工建立联系	1	2	3	4	5
4. 帮助其他部门的员工解决问题	1	2	3	4	5
5. 照顾其他部门的员工	1	2	3	4	5
6. 与其他部门的员工交往	1	2	3	4	5
7. 帮助其他部门的领导	1	2	3	4	5
8. 与其他部门的员工一起聚餐	1	2	3	4	5
9. 为其他部门的领导办事	1	2	3	4	5
10. 与其他部门的员工一起闲谈与工作无关的事情	1	2	3	4	5
11. 传达重要信息给其他部门的员工	1	2	3	4	5

1. 您的年龄：______岁
2. 性别：□男　□女
3. 您的工作年限：______年
4. 您的工作部门：
□人力资源　□财务　□技术和研究　□营销　□生产制造　□其他
5. 您的教育程度：□高中及以下　□大专　□本科　□硕士　□博士
6. 您的职位级别：□基层员工　□基层经理　□中层经理　□高层经理

问卷编号：________

第二次调研问卷（员工填写）

尊敬的各位员工：

您好，首先感谢您对第一次调研问卷的填写！

和上次一样，第二次问卷中所有的答案也都没有对错之分，请您尽可能提供客观的真实想法和感受。本研究会按照科研的惯例，把您的答案和其他的调研问卷答案汇总进行统计分析，数据处理过程由研究人员严格遵照科研的保密原则独立完成。本研究不会在任何时候公开您个人和企业的具体信息。本问卷附有一个信封，请您填完之后将问卷装进信封并密封，然后交给相关责任人。

再次感谢您的支持！

一、以下是关于您在工作中获取资源的叙述，请在每个陈述后最能代表您感受的数字（1～5）上打钩	非常不同意	不同意	一般	同意	非常同意
1. 我能够获得所需的资源去支持我的新想法	1	2	3	4	5
2. 当我需要额外的资源去完成我的工作时，我通常都能够得到	1	2	3	4	5
3. 我可以得到做好工作所需要的资源	1	2	3	4	5

二、以下是关于您对于创新内在动机的叙述，请在每个陈述后最能代表您感受的数字（1～5）上打钩	非常不同意	不同意	一般	同意	非常同意
1. 解决复杂问题	1	2	3	4	5
2. 提出产品的创新方案	1	2	3	4	5
3. 对工作程序进行创新	1	2	3	4	5

问卷编号：________

第三次调研问卷（员工直属领导填写）

尊敬的领导：

您好！

您现在看到的是一份用于学术研究的问卷，希望能通过您对下属员工的工作分析来进行相关的学术性研究。所有的答案都没有对错之分，请您尽可能提供客观的真实想法和感受。本研究会按照科研的惯例，把您的答案和其他的调研问卷答案汇总进行统计分析，数据处理过程由研究人员严格遵照科研的保密原则独立完成。本研究永远不会向任何企业或个人提供您的问卷。

感谢您的支持，您的支持对此研究的顺利开展有重大意义！

请您对下属的情况进行相应的评价：

以下是关于您对该员工创造力的叙述，请在每个陈述后最能代表您评价的数字（1～5）上打钩	非常不同意	不同意	一般	同意	非常同意
1. 该员工发现完成工作任务的新方法	1	2	3	4	5
2. 该员工提出提高业绩的、切实可行的新想法	1	2	3	4	5
3. 该员工发现新的技术、产品、工艺、工作方法或顾客服务	1	2	3	4	5
4. 该员工提出提高产品/服务质量的新方法	1	2	3	4	5

以下是关于您对该员工创造力的叙述，请在每个陈述后最能代表您评价的数字（1~5）上打钩	非常不同意	不同意	一般	同意	非常同意
5. 该员工提出富有创造性的想法	1	2	3	4	5
6. 该员工不害怕冒险	1	2	3	4	5
7. 该员工向别人宣传和捍卫自己的想法	1	2	3	4	5
8. 当有机会时，该员工会展现自己在工作上的创造力	1	2	3	4	5
9. 该员工有充足的计划和日程安排去将新想法付诸实践	1	2	3	4	5
10. 该员工经常提出富有创意的新想法	1	2	3	4	5
11. 该员工有解决问题的创造性思路	1	2	3	4	5
12. 该员工经常有解决问题的新思路	1	2	3	4	5
13. 该员工建议用新的工作方法去完成任务	1	2	3	4	5

1. 您的年龄：______岁
2. 性别：□男　□女
3. 您的工作年限：______年
4. 您的工作部门：

□人力资源　□财务　□技术和研究　□营销　□生产制造　□其他

5. 您的教育程度：□高中及以下　□大专　□本科　□硕士　□博士

您的职位级别：□基层员工　□基层经理　□中层经理　□高层经理

参考文献

［1］宝贡敏、刘枭：《关系理论研究述评》，《技术经济》2008 年第 4 期，第 109 ~ 115 页。

［2］边燕杰、张磊：《论关系文化与关系社会资本》，《人文杂志》2013 年第 1 期，第 107 – 113 页。

［3］边燕杰、张文宏：《经济体制、社会网络与职业流动》，《中国社会科学》2001 年第 10 期，第 77 – 89 页。

［4］曹红军、卢长宝、王以华：《资源异质性如何影响企业绩效：资源管理能力调节效应的检验和分析》，《南开管理评论》2011 年第 4 期，第 25 – 31 页。

［5］曹勇、向阳：《企业知识治理、知识共享与员工创新行为：社会资本的中介作用与吸收能力的调节效应》，《科学学研究》2014 年第 1 期，第 92 – 102 页。

［6］曾萍、邓腾智、宋铁波：《社会资本、动态能力与企业创新关系的实证研究》，《科研管理》2013 年第 3 期，第 50 – 59 页。

［7］陈劲、吴波：《开放式创新下企业开放度与外部关键资源获取》，《科研管理》2012 年第 9 期，第 10 – 21 页。

［8］戴尔、卡内基：《卡内基沟通与人际关系》，中信出版社 2008 年版。

［9］费孝通：《乡土中国》，外语教学与研究出版社 2012 年版。

［10］盖笑松、张向葵：《多层线性模型在纵向研究中的运用》，《心理科学》2005 年第 2 期，第 429 – 431 页。

［11］郭毅、罗家德：《社会资本与管理学》，华东理工大学出版社 2007 年版。

［12］郭志芳、钟建安、段锦云：《大学生创业心理特质与创业意向的关系：就业压力应对方式的中介效应》，《应用心理学》2013 年第 3 期，第 265 – 271 页。

［13］黄光国：《儒家思想与东亚现代化》，台北巨流图书公司 1988 年版。

[14] 黄光国、胡先缙：《人情与面子：中国人的权力游戏》，中国人民大学出版社2010年版。

[15] 李燚、魏峰：《高绩效人力资源实践有助于组织认同？——一个被中介的调节作用模型》，《管理世界》2011年第2期，第109－117页。

[16] 林南：《社会资本—社会结构与行动的理论》，世纪出版集团2005年版。

[17] 刘冬莹：《知识分子职业满意度与心身健康的相关研究》，《健康心理学杂志》2003年第4期，第251－254页。

[18] 刘惠军：《动机心理学》，开明出版社2012年版。

[19] 刘军、宋继文、吴隆增：《政治与关系视角的员工职业发展影响因素探讨》，《心理学报》2008年第2期，第201－209页。

[20] 刘文瑞：《成就动机理论与管理学》，《管理学家：实践版》2009年第3期，第68－70页。

[21] 龙静、李嘉、祝凤灵：《裁员幸存者的威胁感与资源获取对创新的影响》2013年第4期，第144－150页。

[22] 马超、凌文辁、方俐洛：《企业员工组织政治认知量表的构建》，《心理学报》2006年第1期，第107－115页。

[23] 马超、凌文辁、时勘：《组织政治认知对员工行为的影响》，《心理科学》2007年第6期，第1434－1438页。

[24] 马富萍、李燕萍：《资源型企业高管社会资本，资源获取与技术创新》，《经济管理》2011年第8期，第51－59页。

[25] 潘静洲、娄雅婷、周文霞：《龙生龙，凤生凤？领导创新性工作表现对下属创造力的影响》，《心理学报》2013年第10期，第1147－1162页。

[26] 孙敏：《西方组织认同互动视角研究前沿探析》，《外国经济与管理》2011年第5期，第49－56页。

[27] 谭乐、宋合义、毛娜：《规则导向型组织文化下领导者动机组合对绩效的影响研究》，《软科学》2008年第10期，第100－105页。

[28] 王静：《大学生的职场员工关系网络建构行为及其对求职结果的影响研究》，南京师范大学博士学位论文，2011。

[29] 温福星：《阶层线性模型的原理与应用》，中国轻工业出版社2009年版。

[30] 吴静珊、王才康：《网络建构行为的研究现状与展望》，《心理科学进展》2010年第6期，第1011－1017页。

[31] 吴隆增、刘军、许浚：《职场排斥与员工组织公民行为：组织认同与

集体主义倾向的作用》，《南开管理评论》2010 年第 3 期，第 36 - 44 页。

［32］席酉民、刘文瑞：《领导与激励》，中国人民大学出版社 2009 年版。

［33］杨春江、马钦海、曾先峰：《从留职视角预测离职：工作嵌入研究述评》，《南开管理评论》2010 年第 2 期，第 105 - 118 页。

［34］杨国枢：《中国人的心理与行为：本土化研究》，中国人民大学出版社 2004 年版。

［35］杨国枢：《中国人对现代化的反应：心理学的观点》，《现代化与中国文化》，天津人民出版社 1995 年版。

［36］杨中芳：《如何研究中国人：心理学研究本土化论文集》，重庆大学出版社 2009 年版。

［37］尹奎、刘永仁：《职场排斥与员工离职倾向：组织认同与职业生涯韧性的作用》，《软科学》2013 年第 4 期，第 121 - 124 页。

［38］袁庆宏、丁刚、李珲：《知识型员工职业成长与离职意愿——组织认同和专业认同的调节作用》，《科学学与科学技术管理》2014 年第 1 期，第 155 - 164 页。

［39］张翠翠：《职业女性的网络建构行为：家庭结构和主动性人格的影响》，吉林大学硕士学位论文，2012 年。

［40］张峰：《开放式创新实证研究述评与未来展望》，《外国经济与管理》2012 年第 5 期，第 52 - 58 页。

［41］张皓、贾明：《员工日常情绪与顾客导向型服务行为间关系研究：亲社会动机的调节作用》，《预测》2013 年第 6 期，第 8 - 14 页。

［42］张文宏：《社会资本：理论争辩与经验研究》，《社会学研究》2004 年第 4 期，第 23 - 35 页。

［43］张燕、怀明云、章振、雷专英：《组织内创造力影响因素的研究综述》，《管理学报》2011 年第 2 期，第 226 - 232 页。

［44］赵慧娟：《员工创新研究综述》，《经济管理》2011 年第 4 期，第 187 - 193页。

［45］周含、张翠翠：《女性员工的网络建构行为——家庭结构和主动性人格的影响》，《中国集体经济》2013 年第 9 期，第 112 - 114 页。

［46］周浩、龙立荣：《共同方法偏差的统计检验与控制方法》，《心理科学进展》2004 年第 6 期，第 942 - 950 页。

［47］朱秀梅、李明芳：《创业网络特征对资源获取的动态影响——基于中国转型经济的证据》，《管理世界》2011 年第 6 期，第 105 - 115 页。

［48］Abrams D. & Hogg M. A. Collective Identity：Group Membership and Self-conception. In M. A. Hogg & R. S. Tindal (Eds.), Blackwell Handbook of Social Psychology: Group Processes: 425 -460. Oxford: Blackwel, 2001.

[49] Adams J. S. Towards an Understanding of Inequity. The Journal of Abnormal and Social Psychology, 1963, 67 (5): 422 -436.

[50] Aiken L. S. & West S. G. Multiple Regression: Testing and Interpreting Interactions: Sage, 1991.

[51] Amabile T. M. Creativity and Innovation in Organizations: Harvard Business School, 1996.

[52] Amabile T. M. Creativity in Context. New York: Westview Press, 1996.

[53] Amabile T. M. The Social Psychology of Creativity: A Componential Conceptualization. Journal of Personality and Social Psychology, 1983, 45 (2): 357 -376.

[54] Amabile T. M., Hill K. G., Hennessey B. A., & Tighe E. M. The Work Preference Inventory: Assessing Intrinsic and Extrinsic Motivational Orientations. Journal of Personality and Social Psychology, 1994, 66 (5): 950 -967.

[55] Andrews R., Boyne G. A., Meier K. J., O'Toole L. J., & Walker R. M. Environmental and Organizational Determinants of External Networking. The American Review of Public Administration, 2011, 41 (4): 355 -374.

[56] Armeli S., Eisenberger R., Fasolo P., & Lynch P. Perceived Organizational Support and Police Performance: The Moderating Influence of Socioemotional Needs. Journal of Applied Psychology, 1998, 83 (2): 288 -297.

[57] Armstrong - Stassen M. & Cameron S. Factors Related to the Career Satisfaction of Older Managerial and Professional Women. Career Development International, 2005, 10 (3): 203 -215.

[58] Arregle J. L., Hitt M. A., Sirmon D. G., & Very P. The Development of Organizational Social Capital: Attributes of Family Firms. Journal of Management Studies, 2007, 44 (1): 73 -95.

[59] Arthur J. B. Effects of Human Resource Systems on Manufacturing Performance and Turnover. Academy of Management Journal, 1994, 37 (3): 670 -687.

[60] Ashforth B. E., Harrison S. H. & Corley K. G. Identification in Organizations: An Examination of Four Fundamental Questions. Journal of Management, 2008, 34 (3): 325 -374.

[61] Ashforth B. E. & Mael F. Social Identity Theory and the Organization. Academy of Management Review, 1989, 14 (1): 20 -39.

[62] Ashforth B. E., Rogers K. M. & Corley K. G. Identity in Organizations: Ex-

ploring Cross-level Dynamics. Organization Science, 2011, 22 (5): 1144 - 1156.

[63] Atkinson J. W. & McClelland D. C. The Projective Expression of Needs. II. the Effect of Different Intensities of the Hunger Drive on The Matic Apperception. Journal of Experimental Psychology, 1948, 38 (6): 643 - 658.

[64] Baron R. M. & Kenny D. A. The Moderator-mediator Variable Distinction in Social Psychological Research: Conceptual, Strategic, and Statistical Considerations. Journal of Personality and Social Psychology, 1986, 51 (6): 1173 - 1182.

[65] Barton K. Connecting with Success: How to Build a Mentoring Network to Fast-forward Your Career: Davies - Black Pub, 2001.

[66] Beaudin C. L. Learning from International Neighbors and Colleagues. Journal for Healthcare Quality, 2011, 27 (3): 2 - 52.

[67] Bian Y. Bringing Strong Ties Back in: Indirect Ties, Network Bridges, and Job Searches in China. American Sociological Review, 1997: 366 - 385.

[68] Bian Y. & Huang X. Network Resources and Job Mobility in China's Transitional Economy. Research in the Sociology of Work, 2009 (19): 255 - 282.

[69] Blickle G., Witzki A. & Schneider P. B. Self-initiated Mentoring and Career Success: A Predictive Field Study. Journal of Vocational Behavior, 2009, 74 (1): 94 - 101.

[70] BliegeBird R., Smith E. A., Alvard M., Chibnik M., Cronk L., Giordani L., Hagen E. H., Hammerstein P., Neiman F. D., Bird R. B., & Others Signaling Theory, Strategic Interaction, and Symbolic Capital 1. Current Anthropology, 2005, 46 (2): 221 - 248.

[71] Bourdieu P. Distinction: A Social Critique of the Judgement of Taste: Harvard University Press, 1984.

[72] Bourdieu P. The Forms of Capital. In J. G. Richardson (Ed.), Handbook of Theory and Research for the Sociology of Education, New York: Greenwood, 1986.

[73] Bowen D. E. & Lawler E. E. The Empowerment of Service Workers. The Training and Development Sourcebook, 1994: 413 - 421.

[74] Brown T. F. Theoretical Summary of Social Capital. University of Wisconsin, 1999.

[75] Bryk A. S., Raudenbush S. W., Cheong Y. F., & Congdon R. T. HLM 5 Hierarchical Linear and Nonlinear Modeling. Chicago: Scientific Software International, 2000.

[76] Bryk A. & Raudenbush S. Hierarchical Linear Models for Social and Behav-

ioral Research. Newbury Park, CA: Sage, 1992.

[77] Burt R. S. Structural Holes: The Social Structure of Competition. Harvard University Press, 2009.

[78] Burt R. S. Structural Holes Versus Network Closure as Social Capital. Social Capital: Theory and Research, 2001: 31 -56.

[79] Burt R. S. The Network Structure of Social Capital. Research in Organizational Behavior, 2000 (22): 345 -423.

[80] Burt R. S. Structural Holes and Good Ideas. American Journal of Sociology, 2004, 110 (2): 349 -399.

[81] Burt R. S. The Social Structure of Competition. In N. Nohria & R. G. Eccles (Eds.), Networks and Organizations: Structure, Form, and Action. Boston: Harvard Business School Press, 1992.

[82] Byrne D. Anxiety and the Experimental Arousal of Affiliation Need. The Journal of Abnormal and Social Psychology, 1961, 63 (3): 660 -662.

[83] Carsten J. M. & Spector P. E. Unemployment, Job Satisfaction, and Employee Turnover: A Meta-analytic Test of the Muchinsky Model. Journal of Applied Psychology, 1987, 72 (3): 374 -381.

[84] Chang H., Chi N. & Miao M. Testing the Relationship between Three-component Organizational/Occupational Commitment and Organizational/Occupational Turnover Intention Using a Non-recursive Model. Journal of Vocational Behavior, 2007, 70 (2): 352 -368.

[85] Chen Y., Friedman R., Yu E., Fang W., & Lu X. Supervisor-Subordinate Guanxi: Developing a Three-Dimensional Model and Scale. Management and Organization Review, 2009, 5 (3): 375 -399.

[86] Chua R. Y., Morris M. W. & Ingram P. Guanxi vs Networking: Distinctive Configurations of Affect-and Cognition - based Trust in the Networks of Chinese vs American Managers. Journal of International Business Studies, 2009, 40 (3): 490 -508.

[87] Claes R. & Ruiz-Quintanilla S. A. Influences of Early Career Experiences, Occupational Group, and National Culture on Proactive Career Behavior. Journal of Vocational Behavior, 1998, 52 (3): 357 -378.

[88] Cohen A. R. & Bradford D. L. Influence without Authority: The Use of Alliances, Reciprocity, and Exchange to Accomplish Work. Organizational Dynamics: 1989, 5 -17.

[89] Cohen J. C., West P. & Aiken S. G. LS Applied Multiple Regression/Corre-

lation Analysis for the Behavioral Sciences 3rd ed: Mahwah, NJ Erlbaum, 2003.

[90] Cohen - Charash Y. & Spector P. E. The Role of Justice in Organizations: A Meta-analysis. Organizational Behavior and Human Decision Processes, 2001, 86 (2): 278 - 321.

[91] Cole M. S. & Bruch H. Organizational Identity Strength, Identification, and Commitment and Their Relationships to Turnover Intention: Does Organizational Hierarchy Matter? Journal of Organizational Behavior, 2006, 27 (5): 585 - 605.

[92] Coleman J. S. Social Capital in the Creation of Human Capital. American Journal of Sociology, 1988 (94): 95 - 120.

[93] Coleman J. S. & Coleman J. S. Foundations of Social Theory: Harvard University Press, 1994.

[94] Collins C. J. & Clark K. D. Strategic Human Resource Practices, Top Management Team Social Networks, and Firm Performance: The Role of Human Resource Practices in Creating Organizational Competitive Advantage. Academy of Management Journal, 2003, 46 (6): 740 - 751.

[95] Colquitt J. A. On the Dimensionality of Organizational Justice: A Construct Validation of a Measure. Journal of Applied Psychology, 2001, 86 (3): 386 - 400.

[96] Colquitt J. A., Conlon D. E., Wesson M. J., Porter C. O. L. H., & Ng K. Y. Justice at the Millennium: A Meta-analytic Review of 25 Years of Organizational Justice Research. Journal of Applied Psychology, 2001, 86 (3): 425 - 445.

[97] Conger J. A. & Kanungo R. N. The Empowerment Process: Integrating Theory and Practice. Academy of Management Review, 1988, 13 (3): 471 - 482.

[98] Cotton J. L. & Tuttle J. M. Employee Turnover: A Meta-analysis and Review with Implications for Research. Academy of Management Review, 1986, 11 (1): 55 - 70.

[99] Crant J. M. Proactive Behavior in Organizations. Journal of Management, 2000, 26 (3): 435 - 462.

[100] De Janasz Monica L., Forret S. C. Learning the Art of Networking: A Critical Skill for Enhancing Social Capital and Career Success. Journal of Management Education, 2008 (32): 629 - 650.

[101] DeConinck J. B. & Stilwell C. D. Incorporating Organizational Justice, Role States, Pay Satisfaction and Supervisor Satisfaction in a Model of Turnover Intentions. Journal of Business Research, 2004, 57 (3): 225 - 231.

[102] DeWine S. & Casbolt D. Networking: External Communication Systems for

Female Organizational Members. Journal of Business Communication, 1983, 20 (2): 57 -67.

[103] Drory A. Perceived Political Climate and Job Attitudes. Organization Studies, 1993, 14 (1): 59 -71.

[104] Drory A. & Romm T. The Definition of Organizational Politics: A Review. Human Relations, 1990, 43 (11): 1133 -1154.

[105] Eby L. T. , Butts M. & Lockwood A. Predictors of Success in the Era of the Boundaryless Career. Journal of Organizational Behavior, 2003, 24 (6): 689 -708.

[106] Eddleston J. H. F. K. Making Connections for Success: A Networking Exercise. Journal of Management Education, 2007 (31): 104 -127.

[107] Edwards J. R. & Lambert L. S. Methods for Integrating Moderation and Mediation: A General Analytical Framework Using Moderated Path Analysis. Psychological Methods, 2007, 12 (1): 1 -22.

[108] Emler N. & Hopkins N. Reputation, Social Identity and the Self. Social Identity Theory: Constructive and Critical Advances, 1990: 113 -130.

[109] Fagenson E. A. Mentoring—Who Needs It? A Comparison of Protégés' and Nonprotégés' Needs for Power, Achievement, Affiliation, and Autonomy. Journal of Vocational Behavior, 1992, 41 (1): 48 -60.

[110] Feldman D. C. & Ng T. W. Careers: Mobility, Embeddedness, and Success. Journal of Management, 2007, 33 (3): 350 -377.

[111] Ference T. P. , Stoner J. A. F. & Warren E. K. Managing the Career Plateau. Academy of Management Review, 1977, 2 (4): 602 -612.

[112] Fernandez R. M. , Castilla E. J. & Moore P. Social Capital at Work: Networks and Employment at a Phone Center. American Journal of Sociology, 2000, 105 (5): 1288 -1356.

[113] Ferris G. R. , Witt L. A. & Hochwarter W. A. Interaction of Social Skill and General Mental Ability on Job Performance and Salary. Journal of Applied Psychology, 2001, 86 (6): 1075 -1082.

[114] Ferris G. R. , Adams G. , Kolodinsky R. W. , Hochwarter W. A. , & Ammeter A. P. Perceptions of Organizational Politics: Theory and Research Directions. Research in Multi Level Issues, 2002 (1): 179 -254.

[115] Ferris G. R. , Blass F. R. , Douglas C. , Kolodinsky R. W. , & Treadway D. C. Personal Reputation in Organizations. In J. Greenberg (Ed.), Organizational Behavior: The State of the Science: 216 -246. Mahwah, NJ: Law: Rence Erlbaum As-

sociates, 2003.

[116] Ferris G. R., Harrell – Cook G. & Dulebohn J. H. Organizational Politics: The Nature of the Relationship between Politics Perceptions and Political Behavior. Research in the Sociology of Organizations, 2000 (17): 89 – 130.

[117] Ferris G. R. & Kacmar K. M. Perceptions of Organizational Politics. Journal of Management, 1992, 18 (1): 93 – 116.

[118] Ferris G. R., Russ G. S. & Fandt P. M. Politics in Organizations. Impression Management in the Organization, 1989, 143 (170): 79 – 100.

[119] Ferris G. R., Treadway D. C., Perrewé P. L., Brouer R. L., Douglas C., & Lux S. Political Skill in Organizations. Journal of Management, 2007, 33 (3): 290 – 320.

[120] Fodor E. M. & Carver R. A. Achievement and Power Motives, Performance Feedback, and Creativity. Journal of Research in Personality, 2000, 34 (4): 380 – 396.

[121] Forret M. L. & Dougherty T. W. Correlates of Networking Behavior for Managerial and Professional Employees. Group & Organization Management, 2001, 26 (3): 283 – 311.

[122] Forret M. L. & Dougherty T. W. Networking Behaviors and Career Outcomes: Differences for Men and Women? Journal of Organizational Behavior, 2004, 25 (3): 419 – 437.

[123] Franz R. S. Task Interdependence and Personal Power in Teams. Small Group Research, 1998 (29): 226 – 253.

[124] Fukuyama F. Trust: The Social Virtues and the Creation of Prosperity. New York: Free Press, 1995.

[125] Fukuyama F. Trust: Human Nature and the Reconstitution of Social Order: Simon and Schuster, 1996.

[126] Gargiulo M. & Benassi M. Trapped in Your Own Net? Network Cohesion, Structural Holes, and the Adaptation of Social Capital. Organization Science, 2000, 11 (2): 183 – 196.

[127] George J. M. & Zhou J. Understanding When Bad Moods Foster Creativity and Good Ones Don't: The Role of Context and Clarity of Feelings. Journal of Applied Psychology, 2002, 87 (4): 687 – 697.

[128] Gerlach M. L. The Japanese Corporate Network: A Blockmodel Analysis. Administrative Science Quarterly, 1992, 37 (1): 105 – 139.

[129] Ghoshal S. & Moran P. Bad for Practice: A Critique of the Transaction

Cost Theory. Academy of Management Review, 1996, 21 (1): 13 -47.

[130] Gioia D. A. , Sims H. P. et al. Perceptions of Managerial Power as a Consequence of Managerial Behavior and Reputation. Journal of Management, 1983, 9 (1): 7 -24.

[131] Gioia D. A. , Schultz M. & Corley K. G. Organizational Identity, Image, and Adaptive Instability. Academy of Management Review, 2000, 25 (1): 63 -81.

[132] Gist M. E. & Mitchell T. R. Self-efficacy: A Theoretical Analysis of Its Determinants and Malleability. Academy of Management Review, 1992, 17 (2): 183 -211.

[133] Gong Y. , Cheung S. , Wang M. , & Huang J. Unfolding the Proactive Process for Creativity Integration of the Employee Proactivity, Information Exchange, and Psychological Safety Perspectives. Journal of Management, 2012, 38 (5): 1611 -1633.

[134] Gong Y. , Huang J. & Farh J. Employee Learning Orientation, Transformational Leadership, and Employee Creativity: The Mediating Role of Employee Creative Self-efficacy. Academy of Management Journal, 2009, 52 (4): 765 -778.

[135] Granovetter M. S. The Strength of Weak Ties. American Journal of Sociology, 1973: 1360 -1380.

[136] Granovetter M. Getting a Job: A Study of Contacts and Careers: University of Chicago Press, 1995.

[137] Granovetter M. Economic Action and Social Structure: The Problem of Embeddedness. American Journal of Sociology, 1985: 481 -510.

[138] Greenhaus J. H. , Callanan G. A. & Godshalk V. M. Career Management: Sage Publications, Incorporated, 2009.

[139] Greenhaus J. H. , Parasuraman S. & Wormley W. M. Effects of Race on Organizational Experience, Job Performance Evaluations, and Career Outcomes. Academy of management Journal, 1990, 33 (1): 64 -86.

[140] Greenhaus J. H. , Callanan G. A. & Godshalk V. M. Career Management: Sage, 2009.

[141] Hammond S. C. & Glenn L. M. The Ancient Practice of Chinese Social Networking: Guanxi and Social Network Theory. Emergence: Complexity & Organization, 2004 (6): 24 -31.

[142] Harrell Cook G. , Ferris G. R. & Dulebohn J. H. Political Behaviors as Moderators of the Perceptions of Organizational Politics—Work Outcomes Relationships. Journal of Organizational Behavior, 1999, 20 (7): 1093 -1105.

[143] Harris R. B. , Harris K. J. & Harvey P. An Examination of the Impact of

Supervisor on the Relationship Between Job Strains and Turnover Intention for Computer Workers. Journal of Applied Social Psychology, 2008, 38 (8): 2108 -2131.

[144] Häuberer J. Social Capital Theory: Springer, 2011.

[145] Heckhausen H. & Leppmann P. K. Motivation and Action: Springer-verlag Publishing, 1991.

[146] Higgins M. C. Changing Careers: The Effects of Social Context. Journal of Organizational Behavior, 2001, 22 (6): 595 -618.

[147] Hill C. A. Affiliation Motivation: People Who Need People…But in Different Ways. Journal of Personality and Social Psychology, 1987, 52 (5): 1008 -1018.

[148] Hofmann D. A. & Gavin M. B. Centering Decisions in Hierarchical Linear Models: Implications for Research in Organizations. Journal of Management, 1998, 24 (5): 623 -641.

[149] Hofstede G. Culture's Consequences: International Differences in Work-related Values: Sage Publications, Incorporated, 1980.

[150] Hom P. W., Mitchell T. R., Lee T. W., & Griffeth R. W. Reviewing Employee Turnover: Focusing on Proximal Withdrawal States and An Expanded Criterion. Psychological Bulletin, 2012, 138 (5): 831 -858.

[151] Homans G. C. Social Behavior as Exchange. American Journal of Sociology, 1958: 597 -606.

[152] Hui C., Law K. S. & Chen Z. X. A Structural Equation Model of the Effects of Negative Affectivity, Leader-member Exchange, and Perceived Job Mobility on In-role and Extra-role Performance: A Chinese Case. Organizational Behavior and Human Decision Processes, 1999, 77 (1): 3 -21.

[153] Hwang A., Kessler E. H. & Francesco A. M. Student Networking Behavior, Culture, and Grade Performance: An Empirical Study and Pedagogical Recommendations. Academy of Management Learning & Education, 2004, 3 (2): 139 -150.

[154] Inkpen A. C. & Tsang E. W. Social Capital, Networks and Knowledge Transfer. Academy of Management Review, 2005, 30 (1): 146 -165.

[155] Jacob Cohen P. C., West L. S. A., Cohen J., & West S. G. A. Applied Multiple Regression/Correlation Analysis for the Behavioral Sciences. Mahwah, NJ, USA: Lawrence Erlbaum Associates, 2003.

[156] Joshi A. The Influence of Organizational Demography on the External Networking Behavior of Teams. Academy of Management Review, 2006, 31 (3): 583 -595.

[157] Kacmar K. M. & Baron R. A. Organizational Politics: The State of the Field

Links to Related Processes, and an Agenda for Future Research. In G. R. Ferris (Ed.), Research in Personnel and Human Resources Management: 1 –39. Stamford, CT: JAI Press, 1999.

[158] Kanter R. M. Three Tiers for Innovation Research. Communication Research, 1988, 15 (5): 509 –523.

[159] Kanter R. M. Empowering People to Act on Ideas. Executive Excellence, 1986 (2): 5 –6.

[160] Kenny D. A., Korchmaros J. D. & Bolger N. Lower Level Mediation in Multilevel Models. Psychological Methods, 2003, 8 (2): 115 –128.

[161] Koestner R. & McClelland D. C. Perspectives on Competence Motivation. In L. A. Pervin (Ed.), Handbook of Personality: Theory and Research: 527 –548. New York: Guilford Press, 1990.

[162] Langford P. H. Importance of Relationship Management for the Career Success of Australian Managers. Australian Journal of Psychology, 2000, 52 (3): 163 –168.

[163] Larsen R. J. & Buss D. M. Personality Psychology (2 Ed.). Beijing: Posts & Telecom Press, 2011.

[164] Latham G. P. & Pinder C. C. Work Motivation Theory and Research at the Dawn of the Twenty-first Century. Annual Review of Psychology, 2005 (56): 485 –516.

[165] Leana C. R. & Van Buren H. J. Organizational Social Capital and Employment Practices. Academy of Management Review, 1999, 24 (3): 538 –555.

[166] Lee D. Y. & Tsang E. W. K. The Effects of Entrepreneurial Personality, Background and Network Activities on Venture Growth. Journal of Management Studies, 2002, 38 (4): 583 –602.

[167] Lewin A. Y. & Stephens C. U. CEO Attitudes as Determinants of Organization Design: An Integrated Model. Organization Studies, 1994, 15 (2): 183 –212.

[168] Lewin K., Heider F. T. & Heider G. M. Principles of Topological Psychology. New York: McGraw Hill Book Co., Inc, 1936.

[169] Liden R. C. & Mitchell T. R. Ingratiatory Behaviors in Organizational Settings. Academy of Management Review, 1988, 13 (4): 572 –587.

[170] Lin N. Social Resources and Instrumental Action: State University of New York, Department of Sociology, 1981.

[171] Lin N. Social Resources and Social Mobility: A Structural Theory of Status Attainment. Social Mobility and Social Structure, 1990: 247 –271.

[172] Lin, N. Social Networks and Status Attainment. Annual Review of Psychology, 1999: 467 - 487.

[173] Lin N. Building a Network Theory of Social Capital. Connections, 1999, 22 (1): 28 - 51.

[174] Lin N., Ensel W. M. & Vaughn J. C. Social Resources and Strength of Ties: Structural Factors in Occupational Status Attainment. American Sociological Review, 1981: 393 - 405.

[175] Lin N., Vaughn J. C. & Ensel W. M. Social Resources and Occupational Status Attainment. Social Forces, 1981, 59 (4): 1163 - 1181.

[176] Lincoln J. R., Gerlach M. L. & Ahmadjian C. L. Keiretsu Networks and Corporate Performance in Japan. American Sociological Review, 1996, 61 (1): 67 - 88.

[177] Lincoln J. R., Gerlach M. L. & Takahashi P. Keiretsu Networks in the Japanese Economy: A Dyad Analysis of Intercorporate Ties. American Sociological Review, 1992, 57 (5): 561 - 585.

[178] Liu Y., Ferris G. R., Zinko R., Perrew E. P. L., Weitz B., & Xu J. Dispositional Antecedents and Outcomes of Political Skill in Organizations: A Four-study Investigation with Convergence. Journal of Vocational Behavior, 2007, 71 (1): 146 - 165.

[179] Liu Y., Liu J. & Wu L. Are You Willing and Able? Roles of Motivation, Power, and Politics in Career Growth. Journal of Management, 2010, 36 (6): 1432 - 1460.

[180] Liu Y., Liu J. & Wu L. Strategic Emotional Display: An Examination of its Interpersonal and Career Outcomes. Career Development International, 2012, 17 (6): 518 - 536.

[181] Luthans F. The Need for and Meaning of Positive Organizational Behavior. Journal of Organizational Behavior, 2002, 23 (6): 695 - 706.

[182] Luthans F., Rosenkrantz S. A. & Hennessey H. W. What Do Successful Managers Really Do? An Observation Study of Managerial Activities. Journal of Applied Behavioral Science, 1985 (21): 255 - 270.

[183] Lynn M. & Oldenquist A. Egoistic and Nonegoistic Motives in Social Dilemmas. American Psychologist, 1986, 41 (5): 529 - 534.

[184] Mathieu J. E. & Farr J. L. Further Evidence for the Discriminant Validity of Measures of Organizational Commitment, Job Involvement, and Job Satisfaction. Journal of Applied Psychology, 1991, 76 (1): 127 - 133.

[185] McAdams D. P. The Person: An Introduction to Personality Psychology: Harcourt Brace Jovanovich.

[186] McAdams D. P. A Thematic Coding System for the Intimacy Motive. Journal of Research in Personality, 1980, 14 (4): 413 - 432.

[187] McAdams D. P. & Bryant F. B. Intimacy Motivation and Subjective Mental Health in a Nationwide Sample. Journal of Personality, 1987, 55 (3): 395 - 413.

[188] McAdams D. P. & Vaillant G. E. Intimacy Motivation and Psychosocial Adjustment: A Longitudinal Study. Journal of Personality Assessment, 1982, 46 (6): 586 - 593.

[189] McCallum S. Y. An Examination of Internal and External Networking Behaviors and Their Relationship to Career Success and Work Attitudes. Unpublished Doctorial Dissertation, St. Ambrose University, 2008.

[190] McClelland D. C. Business Drive and National Achievement. Harvard Business Review, 1962, 40 (4): 99 - 112.

[191] McClelland D. C. Human Motivation: CUP Archive, 1987.

[192] McClelland D. C. Power: The Inner Experience: Irvington, 1975.

[193] McClelland D. C. Achieving Society: Simon and Schuster, 1967.

[194] McClelland D. C. Characteristics of Successful Entrepreneurs. The Journal of Creative Behavior, 1987, 21 (3): 219 - 233.

[195] McClelland D. C. The Two Faces of Power. Journal of International Affairs, 1970, 24 (1): 29 - 47.

[196] McClelland D. C. N Achievement and Entrepreneurship: A Longitudinal Study. Journal of Personality and Social Psychology, 1965, 1 (4): 389 - 392.

[197] McClelland D. C. How Motives, Skills, and Values Determine What People Do. American Psychologist, 1985, 40 (7): 812 - 825.

[198] McClelland D. C., Atkinson J. W., Clark R. A., & Lowell E. L. The Achievement Motive. New York: Appleton-Century-Cr, 1976.

[199] McClelland D. C. & Pilon D. A. Sources of Adult Motives in Patterns of Parent Behavior in Early Childhood. Journal of Personality and Social Psychology, 1983, 44 (3): 564 - 574.

[200] McClelland D. C. Assessing Human Motivation: General Learning Press, 1971.

[201] McClelland D. C. & Burnham D. H. Power is the Great Motivator: Harvard Business Press, 1976.

[202] McClelland D. C. & Steele R. S. Motivation Workshops: A Student Workbook for Experiential Learning in Human Motivation: General Learning Press.

[203] McCullum C., Pelletier D., Barr D., & Wilkins J. Agenda Setting Within a Community-Based Food Security Planning Process: the Influence of Power. Journal of Nutrition Education and Behavior, 2003, 35 (4): 189–199.

[204] Meichenbaum D., Butler L. & Gruson L. Toward a Conceptual Model of Social Competence. Social Competence, 1981: 36–60.

[205] Michael J. & Yukl G. Managerial Level and Subunit Function as Determinants of Networking Behavior in Organizations. Group & Organization Management, 1993, 18 (3): 328–351.

[206] Miner J. B., Smith N. R. & Bracker J. S. Role of Entrepreneurial Task Motivation in the Growth of Technologically Innovative Firms: Interpretations from Follow-up Data. Journal of Applied Psychology, 1994, 79 (4): 627–630.

[207] Mobley W. H. Intermediate Linkages in the Relationship between Job Satisfaction and Employee Turnover. Journal of Applied Psychology, 1977, 62 (2): 237–240.

[208] Morrison E. W. Newcomers' Relationships: The Role of Social Network Ties during Socialization. Academy of Management Journal, 2002, 45 (6): 1149–1160.

[209] Muller D., Judd C. M. & Yzerbyt V. Y. When Moderation is Mediated and Mediation is Moderated. Journal of Personality and Social Psychology, 2005, 89 (6): 852–863.

[210] Nabi G. R. Situational Characteristics and Subjective Career Success: the Mediating Role of Career-enhancing Strategies. International Journal of Manpower, 2003, 24 (6): 653–672.

[211] Nahapiet J. & Ghoshal S. Social Capital, Intellectual Capital, and the Organizational Advantage. Academy of Management Review, 1998, 23 (2): 242–266.

[212] Neves M. M., Trevisan L. N. & João B. D. N. Carreira proteana: revisão teórica e análise bibliométrica. Revista Psicologia, 2013, 13 (2): 217–232.

[213] Newton K. Trust, Social Capital, Civil Society, and Democracy. International Political Science Review, 2001, 22 (2): 201–214.

[214] Niehoff B. P. & Moorman R. H. Justice as a Mediator of the Relationship Between Methods of Monitoring and Organizational Citizenship Behavior. Academy of Management Journal, 1993: 527–556.

[215] Nierenberg A. R. Nonstop Networking: How to Improve Your Life, Luck,

and Career: Capital Books Incorporated, 2002.

[216] Oldham G. R. & Cummings A. Employee Creativity: Personal and Contextual Factors at Work. Academy of Management Journal, 1996, 39 (3): 607-634.

[217] Organ D. W. & Konovsky M. Cognitive versus Affective Determinants of Organizational Citizenship Behavior. Journal of Applied Psychology, 1989, 74 (1): 157-164.

[218] Orpen C. Dependency as a Moderator of the Effects of Networking Behavior on Managerial Career Success. The Journal of Psychology, 1996, 130 (3): 245-248.

[219] Osberg T. M. & Raulin M. L. Networking as a Tool for Career Advancement among Academic Psychologists. Teaching of Psychology, 1989, 16 (1): 26-28.

[220] Ostgaard T. A. & Birley S. New Venture Growth and Personal Networks. Journal of Business Research, 1996, 36 (1): 37-50.

[221] Ostrom E. Toward a Behavioral Theory Linking Trust, Reciprocity, and Reputation. In E. Ostrom & J. Walker (Eds.), Trust and Reciprocity: Interdisciplinary Lessons from Experimental Research. New York: Sage, 2003.

[222] Perry-Smith J. E. Social Yet Creative: The Role of Social Relationships in Facilitating Individual Creativity. Academy of Management Journal, 2006, 49 (1): 85-101.

[223] Perry-Smith J. E. & Shalley C. E. The Social Side of Creativity: A Static and Dynamic Social Network Perspective. Academy of Management Review, 2003, 28 (1): 89-106.

[224] Pfeffer J. Power in Organizations: Pitman Marshfield, MA, 1981.

[225] Pfeffer J. Managing with Power: Politics and Influence in Organizations. The Executive, 1992: 104-106.

[226] Pinder C. C. Work Motivation in Organizational Behavior: Psychology Press, 2008.

[227] Pittman T. S. & Heller J. F. Social Motivation. Annual Review of Psychology, 1987, 38 (1): 461-490.

[228] Podsakoff P. M., MacKenzie S. B., Lee J. Y., & Podsakoff N. P. Common Method Biases in Behavioral Research: a Critical Review of the Literature and Recommended Remedies. Journal of Applied Psychology, 2003, 88 (5): 879-903.

[229] Porter L. W. & Steers R. M. Organizational, Work, and Personal Factors in Employee Turnover and Absenteeism. Psychological Bulletin, 1973, 80 (2): 151-176.

[230] Portes A. The Economic Sociology of Immigration: Russell Sage Foundation New York, 1995.

[231] Portes A. Social Capital: Its Origins and Applications in Modern Sociology. LESSER, Eric L. Knowledge and Social Capital. Boston: Butterworth - Heinemann, 2000: 43 - 67.

[232] Putnam R. D. The Prosperous Community. The American Prospect, 1993, 4 (13): 35 - 42.

[233] Putnam R. D. Tuning in, Tuning out: The Strange Disappearance of Social Capital in America. PS: Political Science & Politics, 1995, 28 (4): 664 - 683.

[234] Raudenbush S. W. Hierarchical Linear Models: Applications and Data Analysis Methods: Sage, 2002.

[235] Riketta M. Organizational Identification: A Meta-analysis. Journal of Vocational Behavior, 2005, 66 (2): 358 - 384.

[236] Russ F. A. & McNeilly K. M. Links among Satisfaction, Commitment, and Turnover Intentions: The Moderating Effect of Experience, Gender, and Performance. Journal of Business Research, 1995, 34 (1): 57 - 65.

[237] Ryan R. M. & Deci E. L. Self-determination Theory and the Facilitation of Intrinsic Motivation, Social Development, and Well-being. American Psychologist, 2000, 55 (1): 68 - 78.

[238] Sagie A., Birati A., Tziner A. Assessing the Costs of Behavioral and Psychological Withdrawal: A New Model and an Empirical Illustration. Applied Psychology, 2002, 51 (1): 67 - 89.

[239] Salancik G. R. & Pfeffer J. The Bases and Use of Power in Organizational Decision Making: The Case of a University. Administrative Science Quarterly, 1974, 19 (4): 453 - 473.

[240] Saunders M. N. K. & Thornhill A. Organisational Justice, Trust and the Management of Change: An Exploration. Personnel Review, 2003, 32 (3): 360 - 375.

[241] Schachter S. The Psychology of Affiliation: Experimental Studies of the Sources of Gregariousness: Stanford University Press, 1959.

[242] Schein E. H. & Schein E. Career Dynamics: Matching Individual and Organizational Needs: Addison-Wesley Reading, MA, 1978.

[243] Seibert S. E., Kraimer M. L. & Liden R. C. A Social Capital Theory of Career Success. Academy of Management Journal, 2001, 44 (2): 219 - 237.

[244] Shalley C. E. Effects of Productivity Goals, Creativity Goals, and Personal

Discretion on Individual Creativity. Journal of Applied Psychology, 1991, 76 (2): 179 - 185.

[245] Shalley C. E., Zhou J. & Oldham G. R. The Effects of Personal and Contextual Characteristics on Creativity: Where Should We Go From Here? Journal of Management, 2004, 30 (6): 933 - 958.

[246] Sokolowski K., Schmalt H., Langens T. A., & Puca R. M. Assessing Achievement, Affiliation, and Power Motives All at Once: The Multi - motive Grid (MMG). Journal of Personality Assessment, 2000, 74 (1): 126 - 145.

[247] Sousa-Poza A. & Henneberger F. Analyzing Job Mobility with Job Turnover Intentions: An International Comparative Study. Journal of Economic Issues, 2004: 113 - 137.

[248] Spence M. Market Signalling: The Informational Structure of Job Markets and Related Phenomena: Harvard University, 1972.

[249] Spreitzer G. M. Social Structural Characteristics of Psychological Empowerment. Academy of Management Journal, 1996, 39 (2): 483 - 504.

[250] Sturges J., Conway N., Guest D., & Liefooghe A. Managing the Career Deal: The Psychological Contract as a Framework for Understanding Career Management, Organizational Commitment and Work Behavior. Journal of Organizational Behavior, 2005, 26 (7): 821 - 838.

[251] Sturges J., Guest D., Conway N., & Davey K. M. A Longitudinal Study of the Relationship Between Career Management and Organizational Commitment Among Graduates in the First Ten Years at Work. Journal of Organizational Behavior, 2002, 23 (6): 731 - 748.

[252] Sullivan S. E. & Baruch Y. Advances in Career Theory and Research: A Critical Review and Agenda for Future Exploration. Journal of Management, 2009, 35 (6): 1542 - 1571.

[253] Taylor S. E. & Fiske S. T. Salience, Attention, and Attribution: Top of the Head Phenomena. Advances in Experimental Social Psychology, 1978 (11): 249 - 288.

[254] Tett R. P. & Guterman H. A. Situation Trait Relevance, Trait Expression, and Cross-situational Consistency: Testing a Principle of Trait Activation. Journal of Research in Personality, 2000, 34 (4): 397 - 423.

[255] Tett R. P. & Burnett D. D. A Personality Trait-based Interactionist Model of Job Performance. Journal of Applied Psychology, 2003, 88 (3): 500 - 517.

[256] Tett R. P. & Meyer J. P. Job Satisfaction, Organizational Commitment,

Turnover Intention, and Turnover: Path Analyses Based on Meta-analytic Findings. Personnel Psychology, 1993, 46 (2): 259 - 293.

[257] Thompson J. A. Proactive Personality and Job Performance: A Social Capital Perspective. Journal of Applied Psychology, 2005, 90 (5): 1011 - 1017.

[258] Tierney P. & Farmer S. M. Creative Self-efficacy: Its Potential Antecedents and Relationship to Creative Performance. Academy of Management Journal, 2002, 45 (6): 1137 - 1148.

[259] Tierney P. & Farmer S. M. The Pygmalion Process and Employee Creativity. Journal of Management, 2004, 30 (3): 413 - 432.

[260] Toole K. J. M. L. Managerial Networking: Issues of Measurement and Research Design. Administration & Society, 2005 (37): 523 - 541.

[261] Tortoriello M. & Krackhardt D. Activating Cross-boundary Knowledge: The Role of Simmelian Ties in the Generation of Innovations. Academy of Management Journal, 2010, 53 (1): 167 - 181.

[262] Treadway D. C., Breland J. W., Adams G. L., Duke A. B., & Williams L. A. The Interactive Effects of Political Skill and Future Time Perspective on Career and Community Networking Behavior. Social Networks, 2010, 32 (2): 138 - 147.

[263] Treadway D. C., Ferris G. R., Duke A. B., Adams G. L., & Thatcher J. B. The Moderating Role of Subordinate Political Skill on Supervisors' Impressions of Subordinate Ingratiation and Ratings of Subordinate Interpersonal Facilitation. Journal of Applied Psychology, 2007, 92 (3): 848 - 855.

[264] Treadway D. C., Hochwarter W. A., Kacmar C. J., & Ferris G. R. Political Will, Political Skill, and Political Behavior. Journal of Organizational Behavior, 2005, 26 (3): 229 - 245.

[265] Tsai W. & Ghoshal S. Social Capital and Value Creation: The Role of Intrafirm Networks. Academy of Management Journal, 1998, 41 (4): 464 - 476.

[266] Tsang E. W. Can Guanxi be a Source of Sustained Competitive Advantage for Doing Business in China? The Academy of Management Executive, 1998, 12 (2): 64 - 73.

[267] Turner J. H. The Formation of Social Capital. Social Capital: A Multifaceted Perspective, 2000: 94 - 146.

[268] Turner R. H. Sponsored and Contest Mobility and the School System. American Sociological Review, 1960, 25 (6): 855 - 867.

[269] Vigoda E. Organizational Politics, Job Attitudes, and Work Outcomes:

Exploration and Implications for the Public Sector. Journal of Vocational Behavior, 2000, 57 (3): 326 - 347.

[270] Wanberg C. R., Kanfer R. & Banas J. T. Predictors and Outcomes of Networking Intensity among Unemployed Job Seekers. Journal of Applied Psychology, 2000, 85 (4): 491 - 503.

[271] Watson J. Modeling the Relationship Between Networking and Firm Performance. Journal of Business Venturing, 2007, 22 (6): 852 - 874.

[272] Wayne S. J., Liden R. C., Graf I. K., & Ferris G. R. The Role of Upward Influence Tactics in Human Resource Decisions. Personnel Psychology, 1997, 50 (4): 979 - 1006.

[273] Winter D. G. The Power Motive. New York: Free Press, 1973.

[274] Witt L. A. & Ferris G. R. Social Skill as Moderator of the Conscientiousness - performance Relationship: Convergent Results Across Four Studies. Journal of Applied Psychology, 2003, 88 (5): 809 - 821.

[275] Witt P. Entrepreneurs' Networks and the Success of Start-ups. Entrepreneurship & Regional Development, 2004, 16 (5): 391 - 412.

[276] Wolff H. G. & Moser K. Entwicklung und Validierung Einer Networkingskala. Diagnostica, 2006, 52 (4): 161 - 180.

[277] Wolff H. & Kim S. The Relationship Between Networking Behaviors and the Big Five Personality Dimensions. Career Development International, 2012, 17 (1): 43 - 66.

[278] Wolff H. & Klaus M. Effects of Networking on Career Success: A Longitudinal Study. Journal of Applied Psychology, 2009, 94 (1): 196 - 206.

[279] Wolff H. & Moser K. Do Specific Types of Networking Predict Specific Mobility Outcomes? A Two-year Prospective Study. Journal of Vocational Behavior, 2010, 77 (2): 238 - 245.

[280] Wolff H., Moser K. & Grau A. Networking: Theoretical Foundations and Construct Validity. Paper Presented at the Readings in Applied Organizational Behavior from the Lüneburg Symposium, Lüneburg, 2008.

[281] Woolcock M. & Narayan D. Social Capital: Implications for Development Theory, Research, and Policy. The World Bank Research Observer, 2000, 15 (2): 225 - 249.

[282] Wrzesniewski A. & Dutton J. E. Crafting a Job: Revisioning Employees as Active Crafters of Their Work. Academy of Management Review, 2001: 179 - 201.

[283] Xin K. K. & Pearce J. L. Guanxi: Connections as Substitutes for Formal In-

stitutional Support. Academy of Management Journal, 1996, 39 (6): 1641 - 1658.

[284] Yang M. M. Gifts, Favors, and Banquets: The Art of Social Relationships in China: Cornell University Press, 1994.

[285] Yang Z. & Wang C. L. Guanxi as a Governance Mechanism in Business Markets: Its Characteristics, Relevant Theories, and Future Research Directions. Industrial Marketing Management, 2011, 40 (4): 492 - 495.

[286] Yli Renko H., Autio E. & Sapienza H. J. Social Capital, Knowledge Acquisition, and Knowledge Exploitation in Young Technology-based Firms. Strategic Management Journal, 2001, 22 (6 - 7): 587 - 613.

[287] Yukl G. & Lepsinger R. Preliminary Report on Validation of the Managerial Practices Survey. In K. E. Clark & M. B. Clark (Eds.), Measures of Leadership: 223 - 238. West Orange, NJ: Leadership Library of America, 1990.

[288] Zhang X. & Bartol K. M. Linking Empowering Leadership and Employee Creativity: The Influence of Osychological Empowerment, Intrinsic Motivation, and Creative Process Engagement. Academy of Management Journal, 2010, 53 (1): 107 - 128.

[289] Zhang X. & Bartol K. M. The Influence of Creative Process Engagement on Employee Creative Performance and Overall Job Performance: A Curvilinear Assessment. Journal of Applied Psychology, 2010, 95 (5): 862 - 873.

[290] Zhou J. Feedback Valence, Feedback Style, Task Autonomy, and Achievement Orientation: Interactive Effects on Creative Performance. Journal of Applied Psychology, 1998, 83 (2): 261 - 276.

[291] Zhou J. & George J. M. When Job Dissatisfaction Leads to Creativity: Encouraging the Expression of Voice. Academy of Management Journal, 2001, 44 (4): 682 - 696.

[292] Zhou J. & Shalley C. E. Research on Employee Creativity: A Critical Review and Directions for Future Research. Research in Personnel and Human Resources Management, 2003 (22): 165 - 217.

[293] Zhou J., Shin S. J., Brass D. J., Choi J., & Zhang Z. Social Networks, Personal Values, and Creativity: Evidence for Curvilinear and Interaction Effects. Journal of Applied Psychology, 2009, 94 (6): 1544 - 1552.

[294] Zimmerman R. D. Understanding the Impact of Personality Traits on Individuals' Turnover Decisions: A Meta-analytic Path Model. Personnel Psychology, 2008, 61 (2): 309 - 348.

后　记

本书是在我的博士论文的基础上修改完成的，得到了新疆财经大学工商管理学院的基金资助。

首先，我要感谢新疆财经大学工商管理学院，是学院的支持促成了本书的出版。自2014年我从上海财经大学国际工商管理学院毕业后，便到了新疆财经大学工商管理学院工作，开展了一位大学教师的全新职业生涯。感谢新疆财经大学工商管理学院给了我新的土壤和养分，让我在这里生根，在这里发芽成长。如今三年的时间如白驹过隙，我从一名受到规范学术训练的博士毕业生，转变为在这里开始向前辈学习教书育人，学习平衡自己的生活、科研与三尺讲台。

本书也是对我四年博士生涯的一个回顾。如果时间真的可以穿越到读博前，那时的我应该正沉浸在对于未来上海财经大学博士生活的美好憧憬和向往之中，以为自己终于可以调整一下，轻松地再次走入校园过一段简单而惬意的生活。现在回想起来，或许可以说是“无知”带我进入了读博的生活。“无知”当然可以解读为对于学术研究的一无所知，然而更出乎我意料之外的是，读博的生活与我之前的预期有着太大的差异。我天真地以为至少在读博期间，不用整天忙着工作，不用管理别人或者被别人管理，不用去出差应酬……应该有很多可以自由安排的休闲时间，甚至于还为自己安排了不少四处游历的计划。现在想来，如果当时就知道自己将要面对的是怎样的生活，也许就不会那么“毫不犹豫”。但正是博士生活的忙碌和付出造就了我今日的成就。

在此感谢我的导师马洁教授。一直以来给予了我太多的认可、鼓励和支持。马老师是能够将管理理论实际应用于管理实践的博士生导师，由于见多识广，马老师看待问题直指要害，非常善于总结和提炼现实中问题的实质。师从于马老师的名下，是我的幸运也是我一生的荣誉。感谢我论文指导小组的指导老师吴隆增博士（现厦门大学教授）。如果没有吴老师当初愿意在论文写作和研究方法上给予我细致的、不厌其烦的指导，我可能还会走更多的弯路。感谢关浩光博士（现上海财经大学副教授）。关老师是一个以学术为生活状态的人，任何时候都能给我提供帮助，在以后的学术研究中对我会产生更为深远的影响。感谢黄旭博士（现香港浸会大学教授）。黄老师是一位可以给别人注入能量的导师，他总是在鼓励和肯定每一位学生，这也让我们对每一次的上课交流都充满期待。我还要感谢王玉教授。王老师是第一个引导我重新对学术研究进行思考的老师，基本上完全改变了我对于学术理论研究的思维方式。在我看来，王老师的学术态度是将实用性、批判性、系统性、边界性和交互性相融合，这刷新了我之前简单地、分离地使用理论作为管理工具的能力。王老师对学生的呵护，也让外地求学的我们内心倍感温暖。感谢谢家平教授。虽然我最终都没有太明白管理学中的模型分析，但我不会忘记谢老师一直以来的提醒和鼓励，以及在生活上给我的关心。感谢贺小刚教授。我个人极为喜欢贺老师的文风，听过贺老师的课之后，才明白那样有水准而又恰到好处的论文是如何敲打出来的。贺老师的认可与鼓励，将会一直伴随我更为努力的学术之路。感谢骆祖望教授。骆老师从世界历史和文化的角度为我打开了一个全新的世界，也让我对于学术研究有更多的敬畏之心。感谢孙元欣教授。在孙老师的管理研究方法的学习中，我从更多角度了解到管理学的各个分支。感谢王鹤丽教授（现新加坡国立大学教授）。王老师的美丽知性、对待学术和为人的严谨，以及对于学术和家庭的平衡，是我努力的方向。感谢陈志俊博士。迟迟到来的高级心理学理论课程，启发了我更多的研究思路，也让我从更为规范和严谨的角度来思考学术中的理论与实证。还要感谢给我带过课的夏建明教授、王新新教授、陈启杰教授、张军博士、周琼博士、刘伟萍博士等，非常荣幸有机会向各位老师学习，在与各位老师的交流中，我获得了更多的知识与力量。还要感谢人民大学商学院的刘军教授，虽然极少有面对面的交流机会，但从刘老师那里得到了最直接的指导和最真切的鼓励，受益良多。感谢国际工商管理学院的领导以及行政的老师。因为做企业管理专业班长的关系，我与他们有很多的交流机会，知道学院对我们博士生培养倾注了更多的心血与期望。特别感谢谢琳老师、蔡丽慧老师、张丽莉老师、吴琼老师以及更多默默工作的各位老师为我们的付出。

感谢我的同学，我爱你们，是你们点亮了我的读博经历。感谢秦双全和李仲在博士学习期间给予我的帮助，如果没有你们耗费了大量时间和精力的课业辅导，不知道我会面对怎样的境况。感谢我的师兄王永伟，从考博开始的无微不至的帮助到学术上的合作，令我无以为报。感谢杨自伟在研究方法上的诸多帮助，还有我们之间的学术合作或非学术的讨论，都是经历和收获的过程。感谢董伶俐、徐伟、吴烨、俞杰龙、刘伟，虽然我们研究的是不同的方向，但因为选修营销相关课程的关系有了很多的交流，特别是我的舍友董伶俐，给我的博士生活带来了许多的色彩。感谢高洁、王宇在申报课题中的多次无私帮助。感谢出色的连燕玲，你的努力和帮助是我们的神话和骄傲。感谢陈琼、王菁、李文莲、刘宇熹、肖玉军，能够有机会和优秀的你们成为同学，是我这一生最宝贵的经历之一。还要感谢在博士论文模型建构和调研问卷前测中的访谈对象，感谢你们多次在百忙中抽出时间参与讨论，让这次研究更接地气。感谢在问卷实测中帮助我填问卷的300多位MBA师弟、师妹们，以及来自不同企业的500多位领导和员工，本书的研究离不开你们的支持。

特别感谢我的家人。感谢母亲永远无条件的爱，感谢弟弟、妹妹总会出现在任何我需要的时候。感谢公公、婆婆淳朴的认可和帮忙。感谢老公，你用一句“如果爱一个人，就让她过自己想要的生活”打动了我，我也明白你为此的承担，感恩我们能在一起。感谢我的两个宝贝女儿，对你们我其实充满了做母亲的愧疚，非常抱歉未能一直陪伴着你们成长，但你们是我快乐的来源。我也会记得，为了让调研问卷更加通俗易懂，在问卷印刷前最后一次“审查”的是大女儿；而当时只有4岁多的二女儿妞妞，认真地坐了两个多小时协助我们把问卷装入信封。那样的画面，会一直储存在我的记忆当中。

在此我也想对自己表示感谢，在面对任何失败、困惑和压力时都没有想过要放弃。从读博开始的学术生活和之前相比也许是极其简单甚至是有些艰苦的，但我愿意接着走下去。希望能带着对探索外部世界的好奇，享受生命新的旅程。

吴湘繁

2017年7月